마법 아이템 만드는 법

마법사의 비밀 레시피

마법 아이템 연성소 지음　김정규 옮김

AK HOBBY BOOK

Contents

레진을 사용한 작품 제작의 기본 5

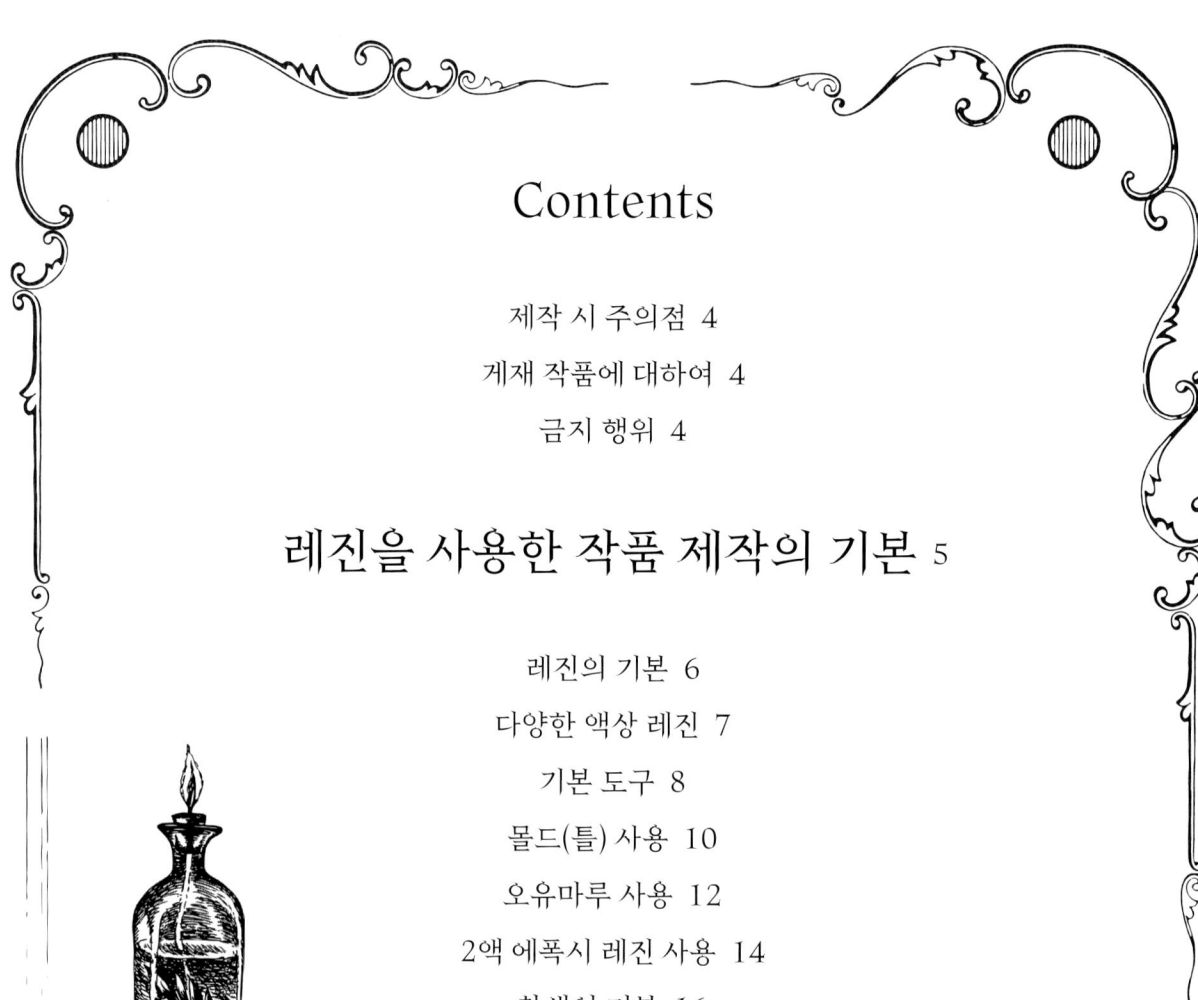

마법 아이템 만들기 19

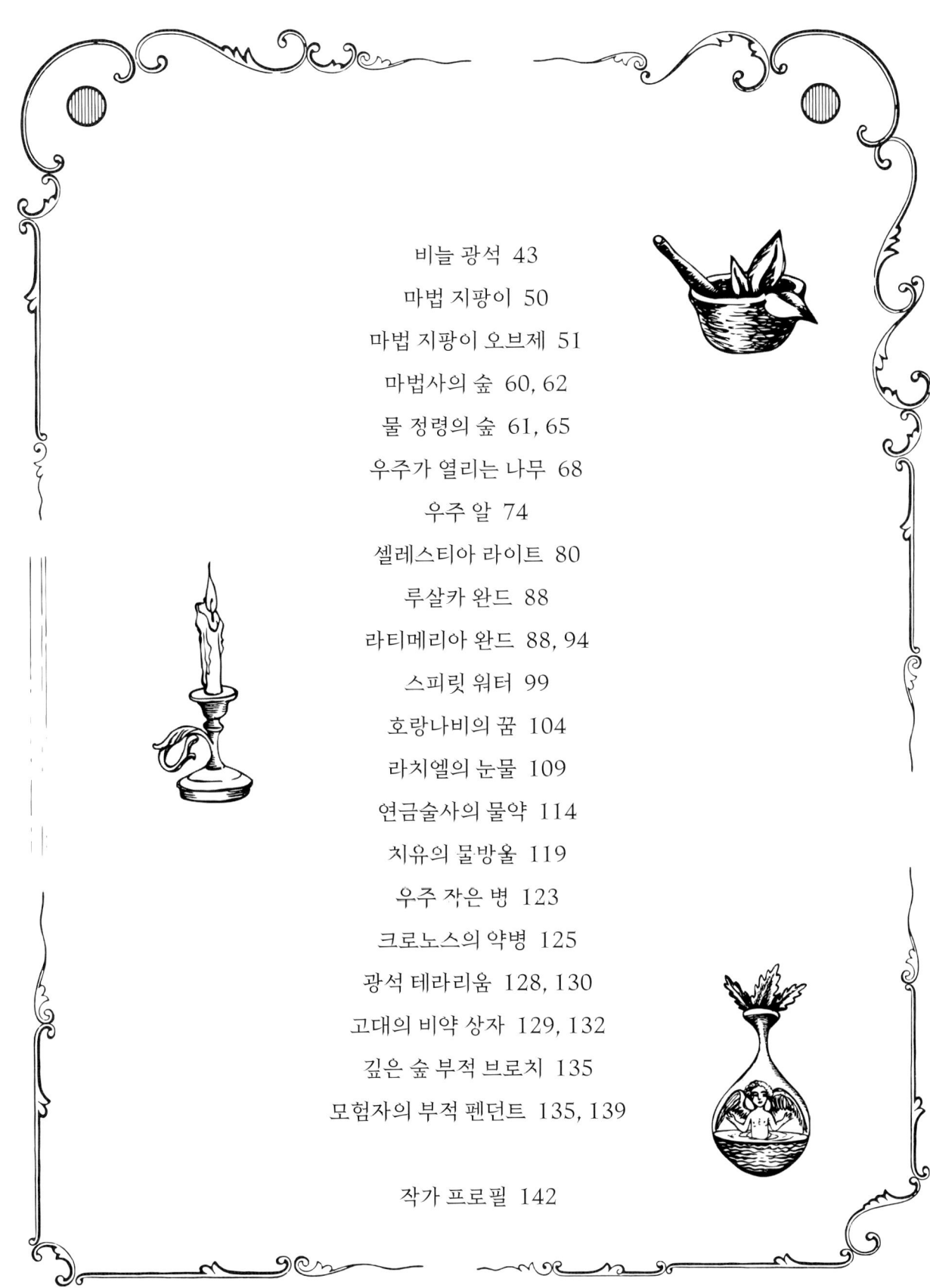

제작 시 주의점

· 액상 레진이나 액상 실리콘을 사용할 때는 반드시 환기를 잘 해주세요.

· 액상 레진이나 액상 실리콘이 직접 피부에 닿지 않도록 주의해주세요. 이 책에서는 장갑과 마스크를 착용하기를 권합니다.

· 레진 용액이 의류나 가구 등에 묻을 수 있으니, 더러워져도 되는 옷을 착용하고 책상과 바닥에 비닐 시트 등을 깔고서 작업해주세요.

· 임신 중인 분이나 건강에 이상이 있는 분은 장시간 제작을 피하고, 휴식을 취하면서 무리하지 않는 범위에서 작업해주세요.

· 어린아이가 있는 경우, 액상 레진 등의 재료나 삼켜버릴 가능성이 있는 작은 부품들은 아이의 손이 닿지 않는 곳에 보관해주세요.

· 굳은 레진은 자외선과 공기를 접하면 색이 변할 수도 있습니다.

· 액상 레진이나 액상 실리콘 등을 사용하기 전에, 반드시 제조사의 주의사항을 확인해주세요.

게재 작품에 대하여

이 책에 게재된 모든 작품과 제작 방법의 저작권은 각 작품의 작가에게 귀속됩니다. 자기 자신이나 가족 등, 한정된 범위 안에서의 사용을 위한 제작은 가능하지만, 이 책에 게재된 작품을 무단으로 모방한 작품을 이용한 전시, 판매, SNS 업로드는 금지합니다. 이 책을 참고로 제작한 작품을 SNS 등에 업로드할 때는 이 책의 제목, 또는 작가 이름을 명기해주시기를 바랍니다.

또한 작품에 사용한 부품과 재료의 판매처에 관한 문의에는 답해드리지 않습니다.

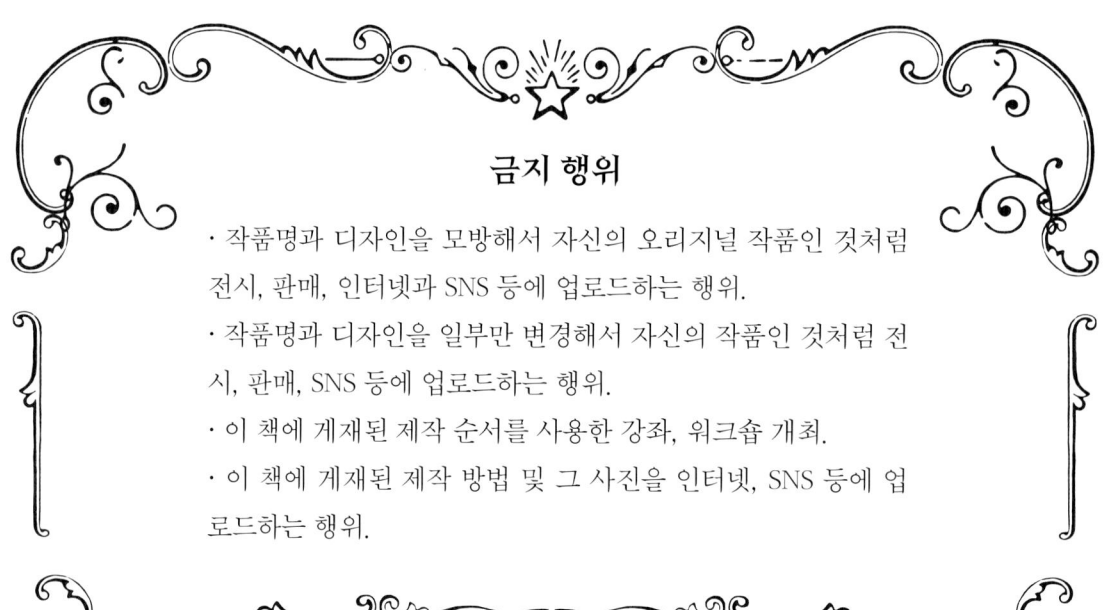

금지 행위

· 작품명과 디자인을 모방해서 자신의 오리지널 작품인 것처럼 전시, 판매, 인터넷과 SNS 등에 업로드하는 행위.

· 작품명과 디자인을 일부만 변경해서 자신의 작품인 것처럼 전시, 판매, SNS 등에 업로드하는 행위.

· 이 책에 게재된 제작 순서를 사용한 강좌, 워크숍 개최.

· 이 책에 게재된 제작 방법 및 그 사진을 인터넷, SNS 등에 업로드하는 행위.

레진을 사용한 작품 제작의 기본

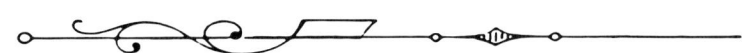

레진은 색을 입히거나 안에 아이템을 넣어주기만 해도 환상적인 작품을 만들 수 있는 마법의 액체입니다. 여기서는 레진의 기본적인 취급 방법과 색을 입히는 테크닉에 대해 설명하겠습니다.

레진의 기본

 ## 레진이란

레진은 영어로 「수지(Resin)」를 뜻합니다. 송진이나 옻칠 등의 천연수지와 인위적으로 제작된 합성수지 양쪽 모두 레진입니다만, 핸드 메이드 작품의 재료로 사용하는 레진은 대부분 「UV 레진」 또는 「2액 에폭시 레진」입니다. 특히 UV 레진은 최근에 100엔 숍 등에서도 판매하고 있어서, 비교적 구하기 쉬운 재료입니다.
UV 레진 용액과 2액 에폭시 레진의 차이에 대해서는 다음 항목에서 자세히 설명하겠습니다.
일본에서 2017년부터 판매를 시작한 「LED 레진」은 높은 투명도가 매력입니다. 시간이 지나도 황변(노란색으로 변하는 일)이 없고, LED 라이트를 이용해서 빠르게 경화시킬 수 있다는 점도 특징입니다. 가격은 UV 레진보다 약간 비싸지만, 앞으로 점점 점유율을 넓혀갈 것으로 예상됩니다.

 ## UV 레진과 2액 에폭시 레진의 차이

· UV 레진
자외선에 의해 경화하는 액체입니다. 햇빛으로도 경화되지만, UV 라이트를 이용해서 자외선을 조사하면 굳는 시간을 단축시킬 수 있습니다. 사용하는 몰드(틀)는 자외선이 투과되는 투명한 것만 사용할 수 있습니다. 또한 두께가 있는 형태인 경우에는 자외선이 도달하지 못하는 탓에 잘 경화되지 않는 문제가 있어서, 얇은 형태의 작품을 만드는 데 적합합니다.

· 2액 에폭시 레진
주제와 경화제 2개의 액체를 섞으면 경화하는 액상 레진입니다. UV 레진보다 싸기 때문에, 판매 목적으로 제작하거나 작품을 대량으로 만들고 싶은 경우에 적합합니다. UV 레진에서는 사용할 수 없는 불투명한 몰드도 사용할 수 있습니다. 굳는 데 오래 걸리는 것과 두 액체를 섞을 때 0.1g 단위로 정확하게 계량해야 한다는 번거로운 점도 있지만(양을 잘못 맞추면 굳지 않기 때문에), UV 레진보다 만들 수 있는 작품의 폭이 넓습니다.

※환기를 확실하게 하고, 방독 마스크를 착용하세요.
※액상 레진이 피부에 닿지 않도록 니트릴 장갑을 착용하세요.

	가격	경화 시간	제작에 적합한 작품의 형태	사용 가능한 몰드
UV	2액보다 비싸다	빠르다	작은 작품이나 두께가 얇은 작품에 적합	투명한 것만
2액	UV보다 싸다	느리다	어느 정도 큰 작품이나 두께가 있는 작품도 가능	어떤 것이든 사용 가능

다양한 액상 레진

이 책에 등장하는 작가가 애용하는 액상 레진을, 추천하는 포인트와 함께 소개합니다.

UV · LED 레진

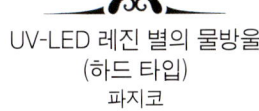

UV-LED 레진 별의 물방울
(하드 타입)
파지코

황변이 잘 일어나지 않고, 완성된 뒤에 끈적거림도 적은 점이 좋습니다. (우라가 이오리)

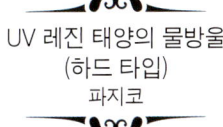

UV 레진 태양의 물방울
(하드 타입)
파지코

다양한 레진 용액을 시험해본 결과, 연마해서 마감하기가 가장 편해서 애용합니다. (우주가 열리는 나무)

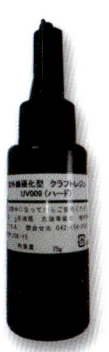

광택 UV 009 하드
루스터 글로스

완성했을 때의 광택을 좋아합니다. (【farbe-파르베-】Kei)

미스틱 문
오리지널 하드
네일 공방

몰드에서 꺼낸 뒤에, 볼록한 모양을 올리고 싶을 때 사용합니다. (oriens)

LED&UV
크래프트 레진 용액
키요하라

기포가 잘 빠지고, 투명도가 높고, 냄새가 적고, 굳는 속도도 빠르고, 모든 점이 마음에 듭니다. (oriens)

2액 에폭시 레진

Sorry Resin
SK 혼포

굳었을 때 주름이 잘 생기지 않고, 점도가 거의 없고, 기포가 아주 잘 빠지는 점이 좋습니다. (시바스케)

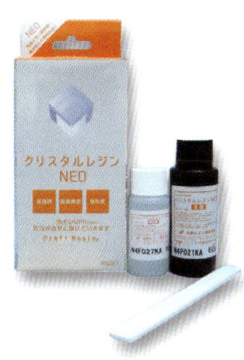
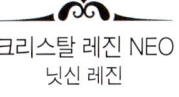

크리스탈 레진 NEO
닛신 레진

황변이 적고, 냄새가 안 나서 애용합니다. (한조 장신구점/oriens)

기본 도구

레진을 이용한 작품 제작에 사용하는 도구입니다. 이 책에서는 작가마다 사용하는 도구가 다릅니다만, 여기서는 일반적으로 널리 사용하는 도구를 소개합니다.

①UV 레진
자외선을 쬐면 굳는 액체 수지.

②2액 에폭시 레진
주제와 경화제를 섞으면 굳는 액체 수지.

③조색제
레진을 조색하는 안료. 액상 타입과 파우더 타입이 있다.

④팔레트
조색제를 섞을 때 사용.

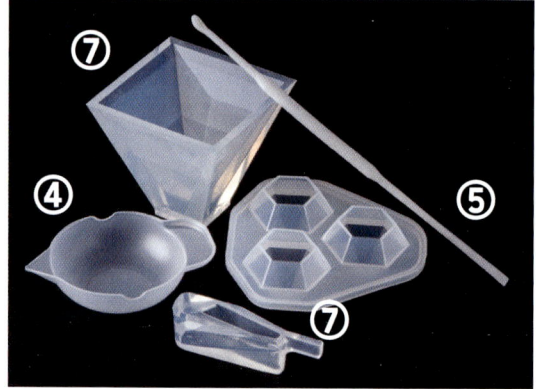

⑤조색 스틱
조색제를 레진에 섞을 때 사용. 이쑤시개나 대나무 꼬치도 사용 가능.

⑥이쑤시개, 대나무 꼬치
조색제를 레진에 섞거나 기포를 터트릴 때 사용.

⑦몰드(틀)
액상 레진을 부어 넣는 틀. 실리콘이나 폴리프로필렌 소재가 일반적.

⑧이형제
몰드에 발라두면 굳은 레진을 떼어내기가 쉬워진다.

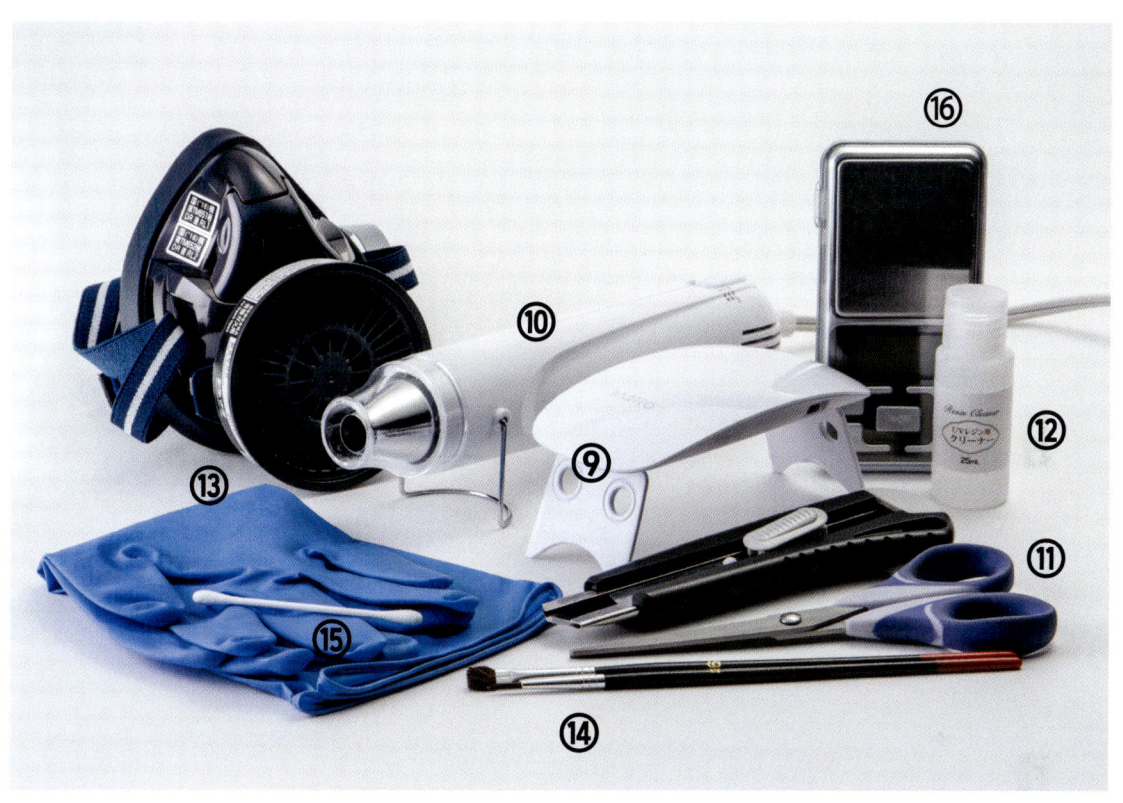

⑨UV 라이트

자외선 라이트. UV 레진을 경화시킬 때 사용.

⑩엠보스 히터

레진의 기포를 뺄 때 사용.

⑪가위, 칼

몰드에서 꺼낸 레진의 불필요한 부분(돌기 등)을 자를 때 사용.

⑫레진 클리너

도구 등에 묻은 레진을 닦아낼 때 사용.

⑬장갑, 방독 마스크

2액 에폭시 레진을 사용할 때 착용.

⑭붓

몰드에 이형제를 바를 때 사용.

⑮면봉

때를 닦을 때 등에 사용.

⑯전자 저울

2액 에폭시 레진을 사용할 때, 정확한 계량이 가능한 전자 저울을 사용.

몰드(틀) 사용

시판 몰드(틀)에 액상 UV 레진을 부어 넣고 굳혀서 레진 작품을 제작합니다. 레진을 처음 다루는 분께는, 말랑하고 굳은 뒤에 꺼내기 쉬운 실리콘제 몰드를 추천합니다.

| 재료 | · 액상 UV 레진
· 조색제 | 도구 | · 팔레트
· 조색 스틱
· 실리콘 몰드
· 이쑤시개(또는 대나무 꼬치)
· 엠보스 히터
· UV 라이트
· 가위(또는 니퍼) |

※사용한 도구는 레진 클리너로 닦아주세요.
※액상 레진은 절대로 하수구에 버리지 마세요(굳어서 하수구가 막힙니다).

1

조색 팔레트에 액상 UV 레진을 붓고, 원하는 색을 섞어서 조색합니다. 기포가 생기지 않도록 천천히, 조금씩 섞어주는 게 포인트입니다.

2

기포가 생긴 경우에는 이쑤시개나 대나무 꼬치로 터트리거나, 엠보스 히터로 불어서 기포를 없애줍니다. 엠보스 히터는 매우 뜨거우니까, 화상을 입지 않도록 조금 떨어진 곳에서 사용하세요.

3

몰드에 액상 레진을 부어 넣을 때, 한 번에 다 넣으려 하지 말고 여러 층으로 나눠서 넣어주면 완성됐을 때 더 예쁩니다. 조색 스틱 등으로 액상 레진을 떠서 조금씩 몰드에 넣어주면 기포가 덜 생깁니다.

4

그래도 기포가 생겼다면 2의 작업을 반복합니다.

5

UV 라이트로 4~5분 정도 쬐어줍니다.

6

몰드 가득 액상 레진을 부어줍니다. 이 시점에서도 기포가 생겼다면 2의 작업을 반복하세요.

7

UV 라이트로 4~5분 정도 쬐어줍니다. 이쑤시개로 표면의 감촉을 확인해서, 아직 끈적거린다면 다른 방향이나 뒷면에서도 쬐어줍니다

8

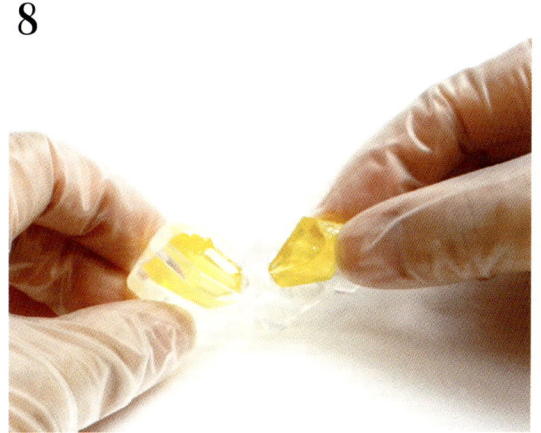

굳은 뒤에, 레진이 식으면 몰드에서 꺼냅니다. 가위나 니퍼를 사용해서 불필요한 부분을 제거하면 완성.

Point

기포가 생기면 경화 중에 터져서 표면이 울퉁불퉁해지거나, 안에 공동이 생겨서 보기 흉해집니다. UV 라이트로 굳히기 전에, 기포를 꼼꼼하게 제거해주세요.

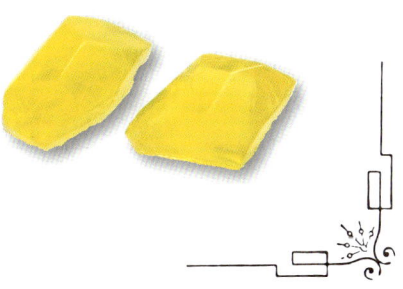

오유마루 사용

보다 오리지널리티가 높은 틀로 만들고 싶은 경우에는, 플라스틱 점토「오유마루」로 틀을 만드는 것을 추천합니다. 광물 등의 틀을 직접 만들면, 시판 틀과 또 다른 느낌의 레진 작품을 만들 수 있습니다.

재료	·오유마루(단색, 클리어)	도구	·내열 용기	·UV 라이트
	·틀을 만들기 위한 광물		·핀셋	·가위(또는 니퍼)
	(작은 돌이나 얼음 설탕도 가능)		·키친 타올	
	·액상 UV 레진		·팔레트	
	·조색제		·조색 스틱	
			·이쑤시개	
			·엠보스 히터	

오유마루
/히노데와시
주식회사

1

내열 용기에「오유마루」를 넣고 80도 이상의 뜨거운 물을 부어줍니다. 화상을 입지 않게 조심하세요.

2

말랑해지면 핀셋으로 꺼내고 키친 타월로 물기를 닦아줍니다. 티슈로 닦으면 섬유 조각이 들러붙습니다. 주의하세요.

3
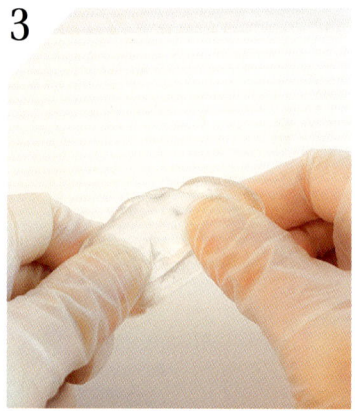

굳기 전에 평평하게 펴줍니다.

4
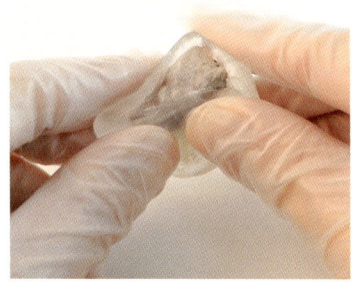

편 다음에 원형으로 사용할 광물을 감싸줍니다. 너무 얇게 하면, 표면 광석을 꺼낼 때 깨질 수 있으니 조심하세요.

5

액상 레진을 부을 때 안정적으로 세워둘 수 있게, 꾹 눌러서 바닥을 평평하게 해주세요.

6

작업 중에 오유마루가 굳거나 모양이 잘 잡히지 않으면, 다시 한 번 뜨거운 물에 담그거나 엠보스 히터로 불어주면 말랑해집니다.

7

찬물에 넣어서 굳혀줍니다.

8

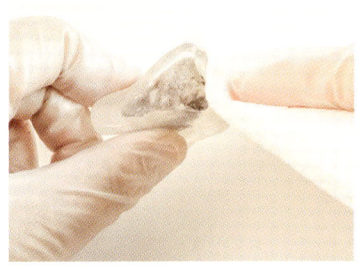

몰드에서 광물을 꺼내고, 키친 타월로 물기를 잘 닦아줍니다. 물기가 남아 있으면 액상 레진을 넣었을 때 잘 굳지 않으니까 주의하세요.

9

팔레트에 액상 레진을 넣고, 원하는 색을 섞어줍니다. 기포가 생기지 않도록 천천히, 조금씩 섞어주세요.

10

기포가 생겼을 때는 이쑤시개나 대나무 꼬치로 터트리거나, 엠보스 히디로 불어서 없애주세요.

11

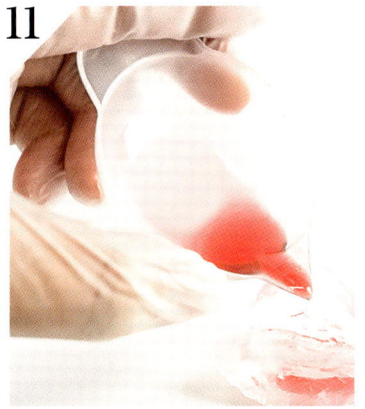

8에서 완성한 몰드에 액상 레진을 부어줍니다. 이 시점에서도 기포가 생기면 **10**의 작업을 반복하세요.

12

UV 라이트를 4~5분 쬐어줍니다. 이쑤시개로 표면 감촉을 확인했을 때 끈적거린다면, 다른 방향이나 뒷면에서도 쬐어주세요.

13

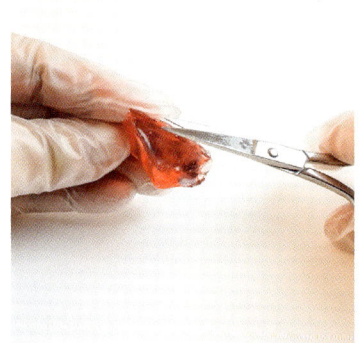

굳은 뒤에 레진이 식으면 틀에서 꺼냅니다. 가위나 니퍼를 사용해서 불필요한 부분을 잘라주면 완성!

Point

완성된 몰드는 여러 번 사용할 수 있습니다. 오유마루는 80도 이상의 뜨거운 물에 담그면 말랑해지고, 그걸 이용해서 다른 모양을 만들 수도 있습니다.

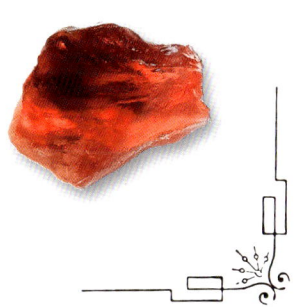

2액 에폭시 레진 사용

크고 두꺼운 몰드나 불투명 몰드를 사용할 때는 2액 에폭시 레진을 사용합니다. 주제와 경화제의 배합이 잘못되면 굳지 않으니까, 전자 저울을 이용해서 정확하게 계량하세요.

| 재료 | · 실리콘 몰드(큰 것, 불투명한 것)
· 2액 에폭시 레진
· 조색제 | 도구 | · 니트릴 장갑
· 방독 마스크
· 전자 저울
· 플라스틱 컵
· 고무 주걱 | · 엠보스 히터
· 몰드를 덮어줄 먼지 덮개
　(반찬통 등)
· 대나무 꼬치 |

※액상 레진은 절대로 하수구에 버리지 마세요(굳어서 하수구가 막힙니다).

※환기를 확실하게 하고, 방독 마스크를 착용하세요.
※액상 레진이 피부에 닿지 않도록 니트릴 장갑을 착용하세요.

크고 두께가 있는 몰드

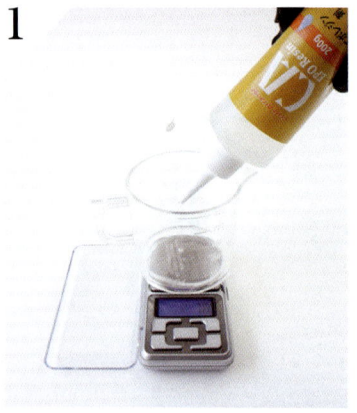

1

전자 저울에 플라스틱 컵을 올리고, 주제를 필요한 만큼 넣습니다.

2

1에 정해진 비율의 경화제를 넣어줍니다. 주제와 경화제의 비율은 제품에 따라 다르니까, 사전에 꼭 확인하세요.

3

고무 주걱으로 측면과 바닥을 긁어주면서 잘 섞어줍니다. 잘 섞어주지 않으면 굳지 않게 될 수도 있으니 주의하세요.

4

색을 넣을 경우에는, 여기서 조색제를 조금씩 넣어줍니다.

5

기포가 생긴 경우에는 대나무 꼬치로 터트리거나, 밖에서 엠보스 히터로 불어줍니다.

6

액상 레진을 기포가 생기지 않도록 천천히 부어줍니다. 바닥에서 3cm 정도까지 부은 뒤에 일단 굳혀줍니다. 기포가 생기면 5의 작업을 해주세요.

7

24시간 정도(계절이나 환경에 따라 다름) 평평한 곳에 놓아두고 굳힙니다. 먼지가 들어가지 않게 커버를 씌워주세요. 여기서는 반찬통을 사용했습니다.

8

1~5의 순서대로 만든 액상 레진을 천천히, 끝까지 부어줍니다.

9

기포가 생기면 5의 작업을 해주세요.

10

또 굳혀줍니다.

11

완전히 굳으면 몰드에서 꺼내줍니다.

불투명 몰드

1

기본적인 액상 레진 만드는 방법은 왼쪽 페이지와 같습니다. 몰드의 모양이 세밀한 경우에는 액상 레진이 구석구석까지 들어가지 않거나 기포가 생길 수 있으니까, 주의하면서 부어주세요.

2

구석까지 잘 들어가면 먼지가 들어가지 않게 커버를 씌우고 24시간 정도(계절이나 환경에 따라 달라집니다) 평평한 곳에서 굳혀줍니다. 완전히 굳으면 몰드에서 꺼내주세요.

착색의 기본

조색제는 보통 액상이나 파우더 타입입니다. 양쪽 모두 아주 조금만 사용해도 색을 입힐 수 있으니까, 투명한 액상 레진에 아주 조금씩 섞어가며 사용합니다. 조색제를 너무 많이 넣으면 잘 굳어지지 않으니까, 조심해야 합니다. 섞을 때 빠르고 크게 섞으면 기포가 생기게 되니까, 천천히 조금씩 섞는 게 포인트입니다.

액상 조색제를 사용한 착색

1
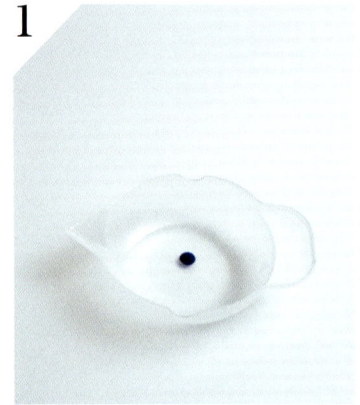
팔레트에 투명 UV 레진을 짜놓고, 액상 조색제를 아주 조금 넣습니다.

2
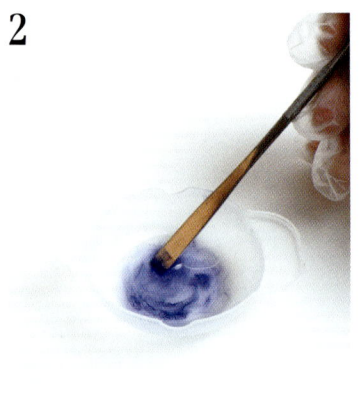
조색 스틱으로 천천히, 작게 섞어줍니다. 더 진하게 만들고 싶으면 조색제를 아주 조금씩 추가하세요.

3

레진용 액상 조색제는 액상 레진과 잘 섞이니까, 초보자에게도 추천합니다.

조색재에 따른 차이

사용하는 조색제에 따라서 레진 작품의 최종 상태가 달라집니다. 작품에 투명한 느낌을 주고 싶을 때는 레진용 액상 조색제가 가장 좋습니다. 투명한 느낌을 약간 자제하고 싶을 때나 거친 느낌을 주고 싶을 때는 컬러 파우더를 사용하면 됩니다. 또한 아크릴 물감을 사용하면 더 불투명한 느낌이 됩니다.

액상 조색제	컬러 파우더	아크릴 물감

그러데이션을 만들기

1

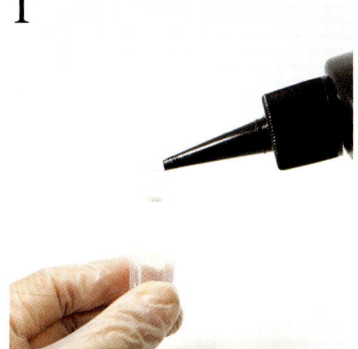

투명한 액상 UV 레진을 몰드에 부어줍니다.

2

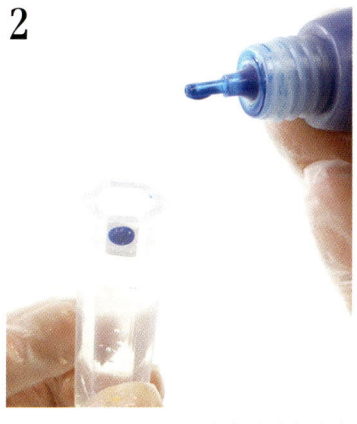

조색제를 아주 조금 넣습니다. 착색한 액상 UV 레진 액을 넣어도 됩니다.

3

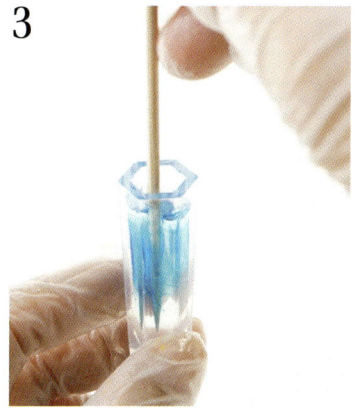

대나무 꼬치를 수직으로 찔러 넣고서 천천히 돌려줍니다. 적당히 섞였다 싶으면 UV 라이트를 5~6분 정도 쬐어서 굳혀줍니다. 빛은 방향을 바꿔주면서 전체에 쬐어주세요.

투 톤 컬러 만들기

1

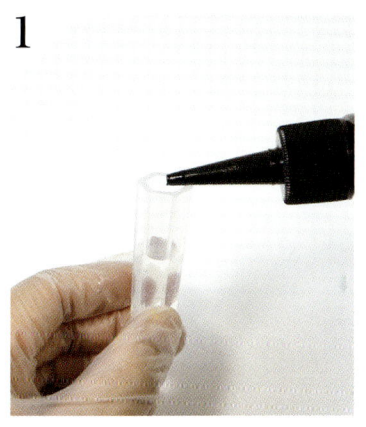

투명 액상 UV 레진을 몰드에 부어줍니다.

2

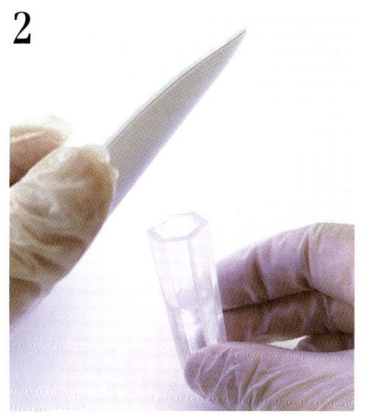

UV 라이트를 3분 정도 쬐어서 굳혀줍니다. 마지막에 또 쬐어줄 테니까, 완전히 굳히지 않아도 됩니다.

3

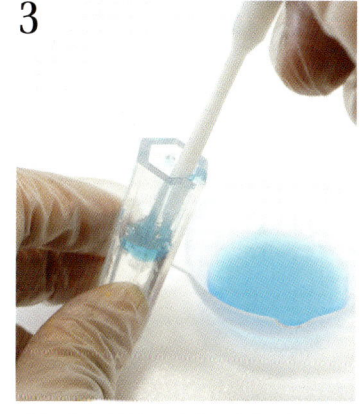

색을 입힌 액상 UV 레신을 넣어줍니다. 이때 한 방울씩 가장자리를 타고 내려가게 넣어주면 기포가 덜 생깁니다.

4

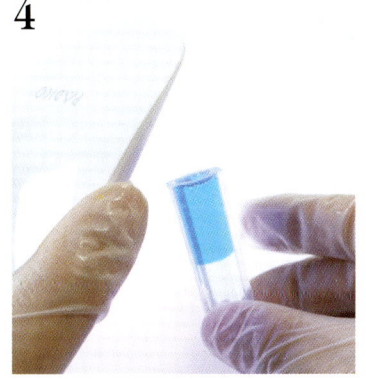

UV 라이트를 5분 정도 쬐어서 굳혀줍니다. 빛은 방향을 바꿔주면서 전체적으로 쬐어주세요.

Point

처음에는 다양한 모양의 몰드로 그러데이션을 만드는 연습을 해보세요.

흔히 있는 실패 사례

레진에 주름이 생긴다

UV 레진은 굳을 때 수축하는 성질이 있는데, 그것 때문에 주름이 생깁니다. 레진 액을 한 번에 끝까지 넣어주는 게 아니라, 조금씩 여러 층으로 나눠서 넣어주고 굳혀주면 주름이 생기는 걸 막을 수 있습니다. 그래도 주름이 생긴다면, 오른쪽 사진처럼 붓으로 전체에 얇게 코팅하는 것처럼 액상 레진을 발라준 뒤에 굳혀주면, 주름이 눈에 띄지 않게 됩니다.

표면에 얼룩이 생기거나 먼지가 묻었다

얼룩이나 먼지가 묻은 몰드를 사용했기 때문입니다. 사용하기 전에 레진 클리너를 적신 티슈나 알코올 물티슈로 닦아주거나, 스카치테이프의 접착면으로 얼룩을 제거해서 사용해주세요. 작업 중에도 먼지가 들어가지 않게 조심하세요.

기포가 생긴다

작은 기포라면 엠보스 히터로 없애주세요. 큰 기포는 대나무 꼬치 등으로 터트립니다. 기포가 덜 생기는 액상 레진을 사용하는 것도 좋습니다.

엠보스 히터 때문에 용기가 녹아버렸다

엠보스 히터의 열풍은 온도가 200~250도로, 상당히 뜨겁습니다. 기포를 없애기 위해서 오랫동안 열풍을 불어주면, 액상 레진을 부어놓은 용기나 몰드가 녹아버릴 수도 있습니다. 여러 번으로 나눠서 사용하는 등, 사용 방법에 주의해주세요. 화상도 꼭 주의하세요.

만드는 중에 액상 레진이 굳어버렸다

액상 UV 레진은 자외선과 접촉하면 굳는 성질이 있습니다. 햇빛이 들어오는 방에서 제작하면, 만드는 중에 굳어버릴 수도 있습니다. 색을 입힌 액상 레진을 나중에 사용하고 싶을 때는, 알루미늄 포일 등을 씌워서 자외선을 차단하며 보존하면 됩니다.

마법 아이템 만들기

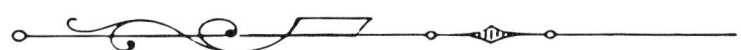

여기서부터는「진짜」와「만든 것」의 경계를 넘나
듭니다.
다양한 마법 아이템의 세계로 떠나볼까요!

Magic Stone Accessories
마광석 장신구

한조 장신구점

다양한 곳에서 얻을 수 있는 마력이 담긴 돌.
자연에 있을 때는 평범한 돌이지만, 열심히 연금하면 마력을
끌어낼 수 있습니다. 안쪽이 반짝반짝 빛나고, 마법 촉매로 사
용할 수 있게 됩니다.

제작법 P22-24

Wizard Glasses Decoration
마도사의 안경 장식

한조 장신구점

마도사의 마력을 향상시키기 위해서 만든 안경 장식.
요정의 날개, 마광석, 별똥별 조각 등, 마력 흐름을 좋게 해주는 아이템들이 사용됐습니다.

제작법 P25-29

Magic Stone Ring and Earrings
마광석 반지와 피어스

재료
- 원형용 광석×2
- 실리콘 주제와 경화제(블루 믹스)
- 액상 에폭시 레진
- 반짝이
- 반지대×1
- 스와로브스키 스톤×1
- 액상 UV 레진
- 귀걸이 포스트×2

도구
- 니트릴 장갑
- 방호용 마스크
- 틀 만들 때 사용할 종이 용기
- 전자 저울
- 플라스틱 용기
- 플라스틱 숟가락
- 실리콘 시트
- 접착제(아크릴 수지계)
- UV 라이트
- 핀셋

※스와로브스키 대신 라인 스톤을 사용해도 좋습니다.

마광석 만들기

1
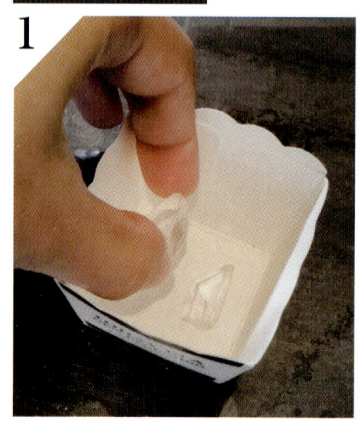
실리콘으로 오리지널 광석의 틀을 만듭니다. 종이 용기에 원형으로 사용할 광석을 올려놓습니다.

2
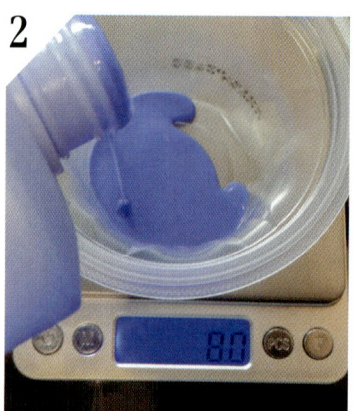
전자 저울에 플라스틱 용기를 얹고, 실리콘 주제 15g을 넣으세요.

3
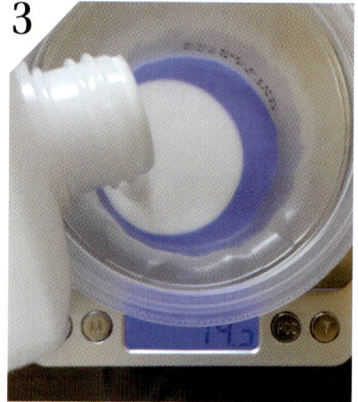
2의 용기에 경화제를 15g 추가해서, 총 30g을 넣으세요. ※주제와 경화제의 비율은 제품에 따라 다릅니다.

4

주제와 경화제를 잘 섞어줍니다. 덜 섞이면 경화 불량이 발생하니 주의하세요. 액상 에폭시 레진만 사용할 때는 색이 있는 실리콘도 좋지만, UV 레진을 사용할 때는 투명 실리콘을 사용하세요.

5
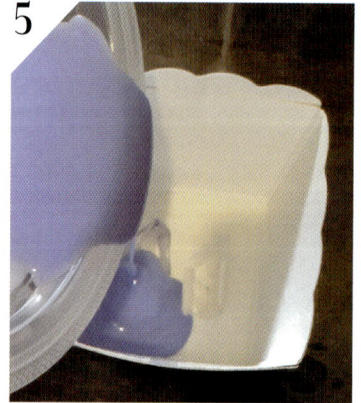
1에 실리콘 액을 부어줍니다.

6

실리콘이 굳을 때까지 건드리지 말고, 30분 정도 놓아둡니다. ※경화 시간은 제품에 따라 다릅니다.

7

굳으면 종이 용기를 벗기고 원형을 꺼내주세요.

8

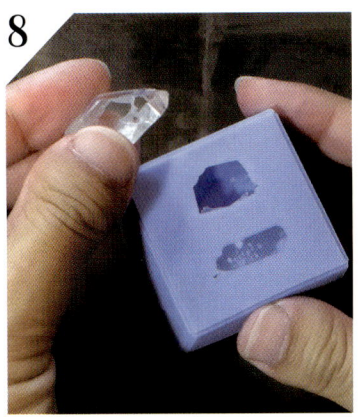

광석 틀 완성.

9

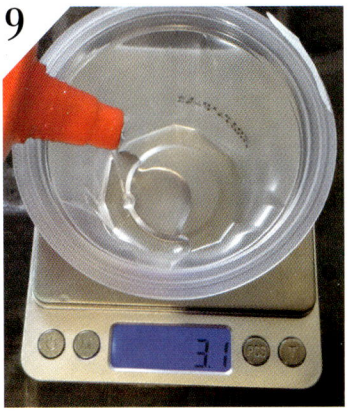

플라스틱 용기를 전자 저울에 올리고, 액상 에폭시 레진 주제 10g을 부어주세요.

10

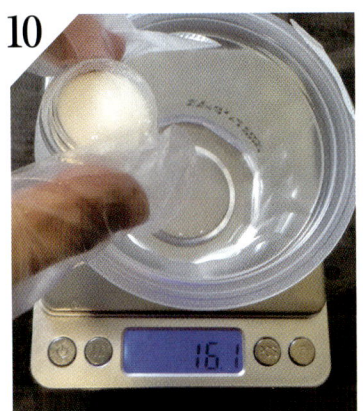

색을 입히거나 반짝이를 넣을 때는, 여기서 조색제나 반짝이를 넣어줍니다.

11

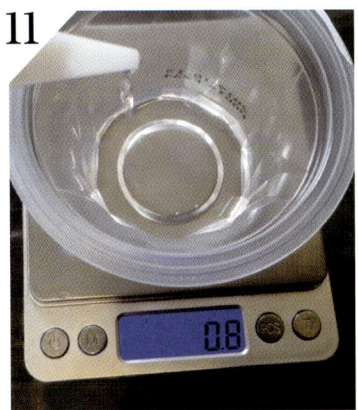

10에 액상 에폭시 레진 경화제 5g을 추가하고 잘 섞어줍니다. ※경화 불량을 막기 위해, 필요한 양보다 많이 만들어주세요.

12

틀에 부어줍니다.

13

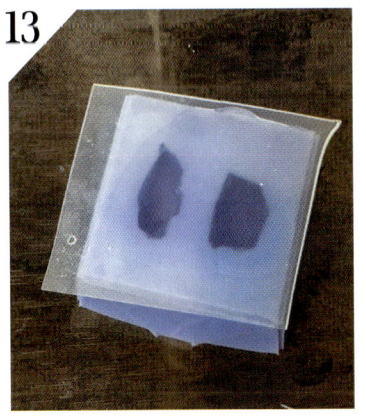

액상 레진이 틀에 가득 차면, 실리콘 시트로 뚜껑을 덮어주세요.

14

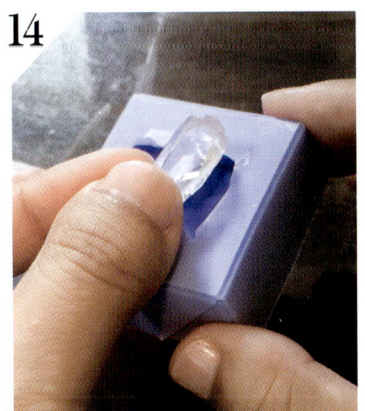

이틀 정도 놔두고, 다 굳으면 레진 광석을 틀에서 꺼내주세요.

15

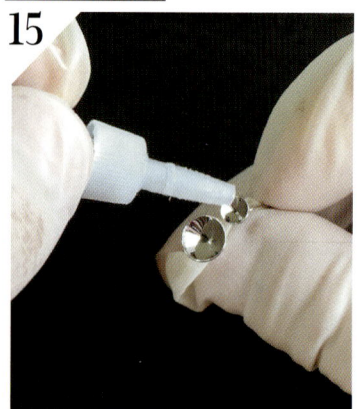

반지대에 접착제를 발라줍니다.

16

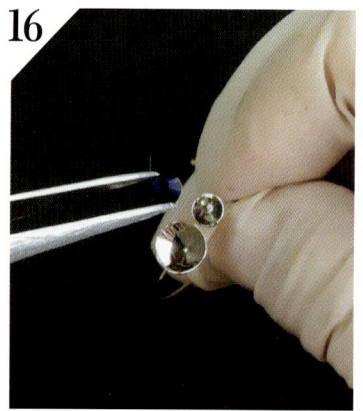

15에 스와로브스키 스톤을 접착합니다. 접착제가 스톤 표면에 묻으면 하얗게 탁해지니까 조심하세요.

17

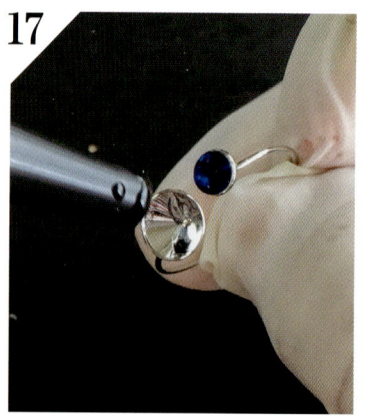

레진 광석을 임시로 고정합니다. 반지대에 액상 UV 레진을 조금 발라주세요.

18

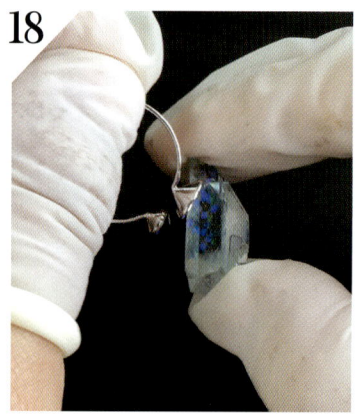

레진 광석의 위치를 정합니다.

19

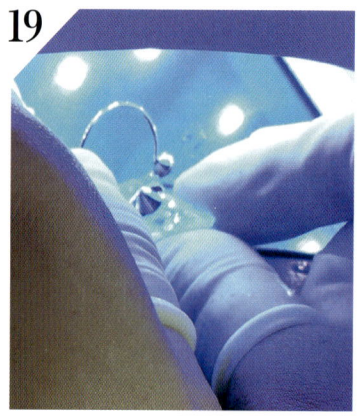

UV 라이트를 10초 정도 쬐어서 굳히고 임시로 고정합니다.

20

액상 UV 레진을 추가해서 고정합니다. UV 라이트를 2분 정도 추가로 쬐어서 레진을 굳히고, 그 뒤에 식으면 완성입니다.

15

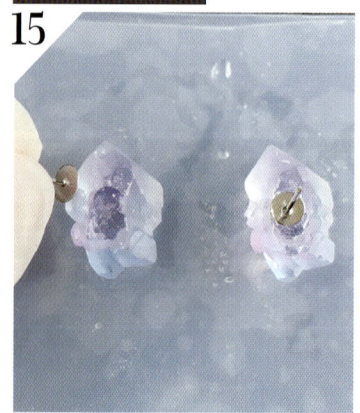

레진 광석을 임시로 고정합니다. 귀걸이 포스트에 액상 UV 레진을 조금 바르고, 레진 광석의 위치를 정합니다. 레진 광석을 조금 파주면, 포스트를 쉽게 고정할 수 있습니다.

16

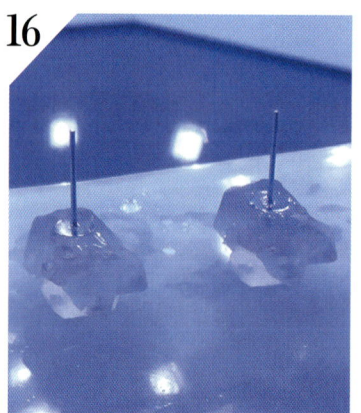

UV 라이트를 10초 정도 쬐이고 경화해서 임시로 고정합니다.

17

액상 UV 레진을 추가해서 완전히 고정합니다. UV 라이트를 2분 정도 쬐어서 레진을 굳히고, 그 뒤에 식으면 완성입니다.

Wizard Glasses Decoration
마도사의 안경 장식

재료
- 마광석(P22~23 참조)×2
- 프린터용 투명 출력지×1
- 프라판×1
- 투명 접착 시트지(사방 15cm)
- 매니큐어 등의 착색제
- 액상 UV 레진
- 비즈캡×6
- 스와로브스키(붙이는 타입)×2
- 스와로브스키(라운드 타입) 대×1 소×1
- 스톤캡×1
- 장식 부품(달 모양)×2
- 장식 부품(긴 모양)×2
- 장식 부품(꽃 모양)×1
- 귀찌 클립×2
- 실리콘
- 9핀×2
- O(오)링×6
- 삼각형 O링×2
- 열쇠 모양 참×1
- 구멍 없는 참(별)×2
- 메탈 파츠×8
- 아크릴 비즈(별 무늬)×2
- 체코 비즈(눈물 모양)×2
- 유리 비즈(주판알 모양)×2
- 체인(8cm)
- 안경 체인용 실리콘 고리×2

도구
- 가위
- UV 라이트
- 핀셋
- 니트릴 장갑
- 니퍼
- 라운드 노즈 플라이어

※스와로브스키 대신 라인 스톤을 사용해도 좋습니다.

1

먼저 마광석(P22~23 참조)을 2개 만들어주세요.

2

한쪽에 3장씩, 총 6장의 날개 씰을 만듭니다. 날개를 그리고 투명 출력지에 프린트합니다.

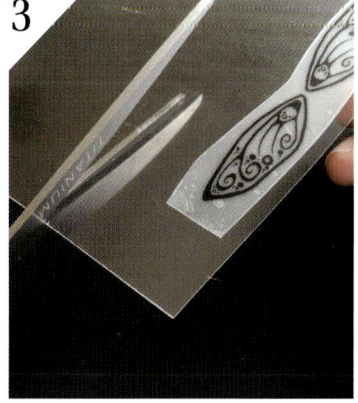

3

2를 프라판에 붙여서 잘라줍니다. 나중에 깔끔하게 자르면 되니까, 지금은 대략적인 모양으로만 잘라주면 됩니다.

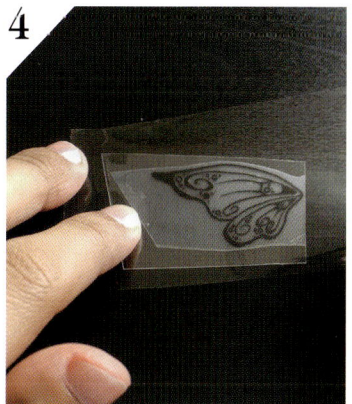

4

3 위에 투명 접착 시트지를 붙여줍니다. 공기가 들어가지 않게 조심하세요!

5

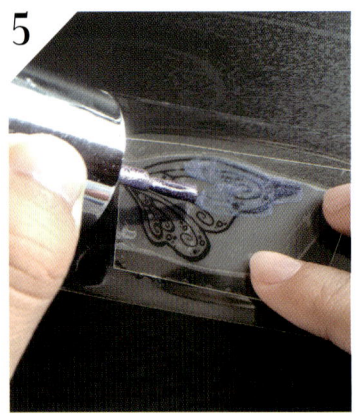

4를 뒤집어서 뒷면에 색을 칠해줍니다. 여기서는 매니큐어를 사용.

6

한참동안 놔둬서 말려줍니다.

7

투명 접착 시트지 남는 부분을 가위로 잘라줍니다.

8

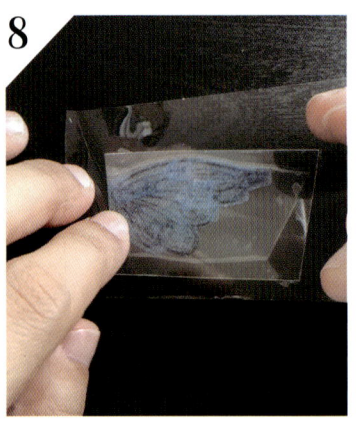

색을 칠한 부분에도 접착 시트지를 붙여주세요.

9

날개 모양대로 잘라줍니다.

10

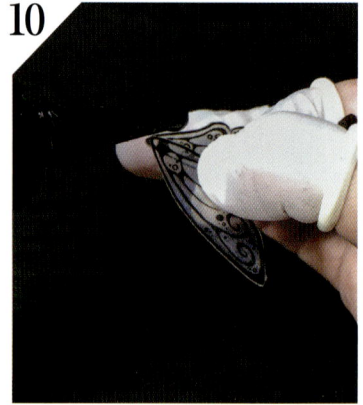

날개들을 액상 UV 레진으로 고정시킵니다. 접착면에 액상 레진을 묻히고, 3장을 한 세트로 합쳐줍니다.

11

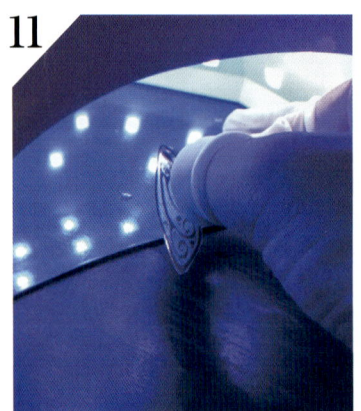

10에 UV 라이트를 2분 정도 쬐어서 굳히고, 식을 때까지 기다립니다.

12

이음매 뒷면에 액상 UV 레진을 묻혀줍니다. UV 라이트를 2분 정도 쬐어서 보강합니다. **3~12**의 과정을 반복해서 날개 부품을 2개 만들어주세요.

13

본체를 만듭니다. 실리콘 시트 위에 비즈캡을 놓고 액상 UV 레진을 묻혀줍니다.

14

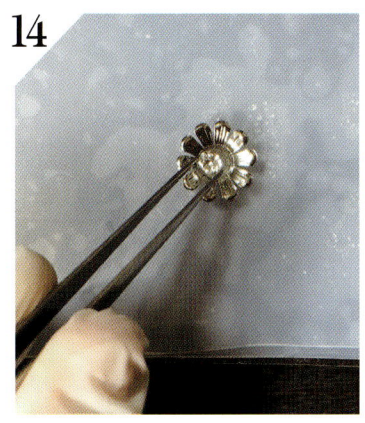

13 위에 스와로브스키 스톤을 올려놓습니다.

15

UV 라이트를 30초 정도 쪼입니다. 굳고 식을 때까지 기다리세요. 이 뒤에도 UV 라이트를 여러 번 사용할 테니까, 지금은 가볍게 붙어 있는 정도면 됩니다.

16

실리콘 시트에 본체의 받침이 되는 부품(달 모양)을 놓고, 액상 UV 레진을 살짝 묻혀줍니다.

17

UV 라이트를 30초 정도 쬐어서 굳혀줍니다.

18

UV 레진이 완전히 굳기 전에 **12**의 날개 부품을 달아줍니다. 날개와 실리콘 시트 사이에 두툼한 것을 끼워 넣어서, 날개가 비스듬한 각도로 고정되게 해주세요.

19

UV 라이트를 30초 정도 쬐어서 굳혀줍니다.

20

19에 액상 UV 레진을 묻히고, **1**의 마광석을 접착시킵니다.

21

UV 라이트를 30초 정도 쬐어서 굳혀줍니다. 굳을 때까지 손으로 눌러주면 좋습니다.

22

15와 장식 부품을 액상 UV 레진으로 접착해서 꾸며주세요.

23

UV 라이트를 30초 정도 쬐어서 굳혀주세요. 잘 붙지 않으면 굳을 때까지 핀셋으로 눌러주면 좋습니다.

24

부품을 전부 붙였으면 부품 사이사이로 액상 UV 레진을 흘려 넣어주세요.

25

UV 라이트를 2분 정도 쬐이고 굳혀서 보강해줍니다.

26

실리콘 시트에서 떼어내고 뒤집어서, 뒷면도 틈새가 있는 부분에 액상 UV 레진을 묻혀줍니다. UV 라이트를 30초 정도 쬐어서 굳혀줍니다.

27

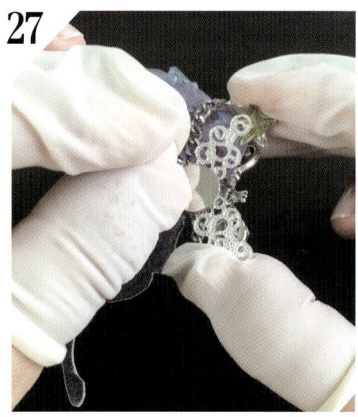

귀찌 클립을 임시로 고정해서 위치를 잡습니다.

28

위치가 정해지면 클립이 묻힐 정도로 액상 UV 레진을 붓고, UV 라이트를 2분 정도 쬐어서 굳혀주세요.

29

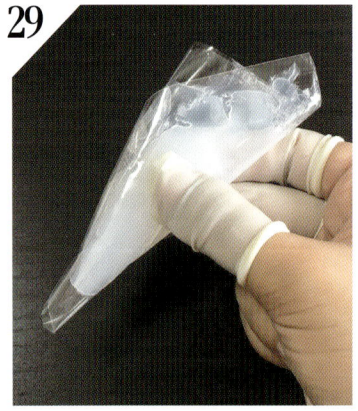

클립의 쿠션 겸 미끄럼 방지 부분을 만듭니다. 짤주머니를 만들어서 실리콘을 넣어줍니다. ※휘핑 점토를 사용해도 됩니다.

30

귀찌 클립 주변에 실리콘을 발라주고 건조시킵니다.

31

안경 장식 본체 완성.

32 안경 다리 장식을 만듭니다. 9핀에 금속 부품, 유리 비즈, 비즈캡, 아크릴 비즈를 끼우고, 적당한 길이로 잘라줍니다.

33 라운드 노즈 플라이어로 둥글게 말아주세요.

34 32~33을 반복해서 2개를 만듭니다.

35 삼각형 오링을 체코 비즈에 달고, 오링으로 **34**와 연결합니다.

36 35와 장식 부품을 오링으로 연결합니다.

37 36과 안경 체인용 실리콘 고리를 오링으로 연결하면 안경 다리 장식이 완성.

38 31의 안경 장식은 안경 이 부분에.

39 37의 부품은 안경의 이 부분에 달아주세요.

Point

마광석의 색 조합과 얇고 하늘하늘한 요정의 날개가 포인트. 가지고 있는 안경에 장착하면서 즐겨보세요.

Night Crystal Specimen
밤하늘색 광석 표본

마술 소재 3호점

밤의 끝을 고하는 하얀 빛이 섞인 옅은 파란색, 보라색이 섞인 심야의 파란색. 그런 밤을 떠올리게 하는 색을 지녔기 때문에 밤하늘색이라고 부른다.

빛나는 것도 아니고 마술 촉매로 사용하는 것도 아니지만, 그 독특한 색과 밤이라는 이름이 붙은 돌이기 때문에, 별이나 달 같은 장식을 추가해서 장식품이나 인테리어 소품으로 유통되는 경우가 많다.

제작법 P32-33

Dragon Blood Crystal / Simple Incantation Scroll etc.
용의 피 결정과 간이 주문 스크롤 등

마술소재 3호점

「용의 피」
복용하면 시력, 청력, 근력 등의 신체 강화 효과를 얻을 수 있다.
하지만 용의 피는 공기와 접하는 순간 결정화하기 때문에, 살아있는 용에서 직접 피를 채취해야만 하고, 그 위험부담 때문에 상당히 비싼 가격에 거래된다.

「용의 피 결정」
공기에 접해서 결정이 돼버린 용의 피. 신체 강화 효과가 있기는 하지만 효과는 액체 상태일 때보다 크게 떨어지고, 복용 시의 효과 지속 시간과 강화되는 부분이 랜덤이기 때문에, 실전에서의 사용에는 적합하지 않다.

「간이 주문 스크롤」
마법진과 주문이 기재된 스크롤과, 술식의 촉매가 되는 작은 페리도트를 시험관에 넣은 깃. 개봉하면 동시에 술식이 발동되며, 1회용이다.
발동하고 싶은 술식에 따라 스크롤에 기재되는 마법진과 촉매로 사용하는 돌이 달라진다.

제작법 P34-35

Night Crystal Specimen
밤하늘색 광석 표본

재료		도구	
	· 액상 UV 레진		· 조색 팔레트
	· 조색제		· 실리콘 몰드(광석)
	· 플라스크×1		· 이쑤시게
	· 체인×1		· UV 라이트
	· O링×1		· 접착제(실리콘 수지계)
	· 메탈 참×1		· 핀셋
	· 코르크 마개×1		· 롱노즈 플라이어
	· 라벨 씰		· 라운드 노즈 플라이어

※실리콘 몰드로 뾰족한 부분을 만들 때는, 레진을 미리 따뜻하게
데워두면 기포가 덜 생기게 할 수 있습니다.

1

조색 팔레트에 액상 UV 레진을 따라서, 파란색과 보라색을 입힌 액
상 레진을 만들어주세요.

2

먼저 보라색 액상 레진을 실리콘 몰드에 부어주세요.

3

다음으로 파란색 레진을 부어주세요.

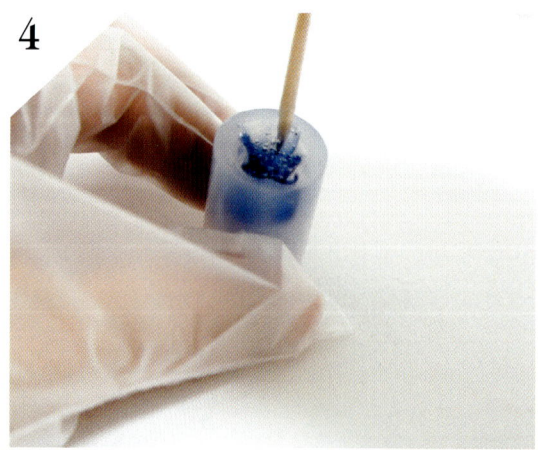

4

몰드 끝부분에는 공기가 들어가기 쉬우니까, 이쑤시개 등으로 뾰족
한 부분의 기포를 빼주세요.

5

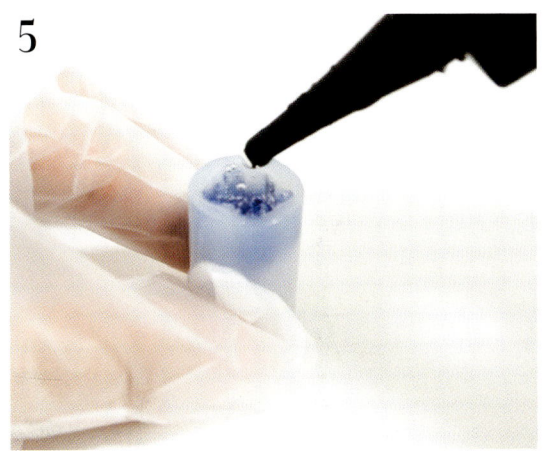

마지막으로 착색하지 않은 투명한 액상 레진을 몰드 끝까지 채워줍니다.

6

UV 라이트를 5분 동안 쬐어서 굳혀줍니다.

7

몰드에서 레진을 꺼내고, 밑면에 접착제를 발라주세요.

8

플라스크 바닥에 접착합니다.

9

체인을 임의의 길이로 자르고, 메탈 참을 달고 코르크 마개를 끼워주세요. 마지막으로 라벨을 붙이면 완성.

Dragon Blood Crystal / Simple Incantation Scroll etc.
용의 피 결정과 간이 주문 스크롤 등

재료
- ·미니 시험관×4
- ·코르크 마개×4
- ·라벨
- ·카넬리안 알갱이
- ·녹색 이끼
- ·모포나비 날개
- ·미니 마법진
- ·페리도트 알갱이

도구
- ·이쑤시개
- ·가위
- ·핀셋

용의 피 결정

1

카넬리안 알갱이를 사용합니다.

2

카넬리안 알갱이를 시험관에 80% 정도 채워주세요. 빨간색 알갱이를 사용하는 게 포인트.

3

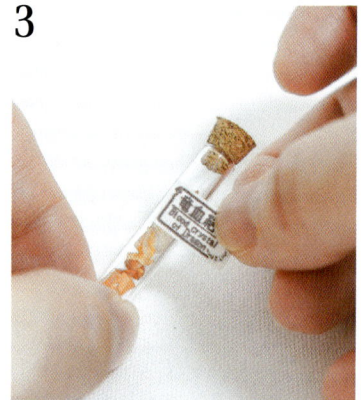

코르크 마개를 끼우고, 라벨을 붙이면 완성.

약초

1

녹색 이끼를 미니 시험관에 80% 정도, 너무 꽉 누르지 말고 채워주세요. 줄기보다 잎 부분을 사용하면 보기 좋습니다. 코르크 마개를 끼우고 라벨을 붙이면 완성.

나비 날개

1

모포나비 날개를 미니 시험관에 들어갈 정도로 잘라줍니다.

2

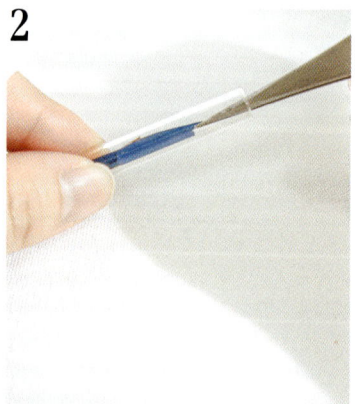

핀셋으로 조심해서 넣어준 뒤에 코르크 마개를 끼우고 라벨을 붙이면 완성.

1

미니 시험관에 들어갈 정도로 작은 마법진을 종이에 인쇄하고, 잘라줍니다.

2

미니 시험관 크기에 맞게 말아줍니다.

3

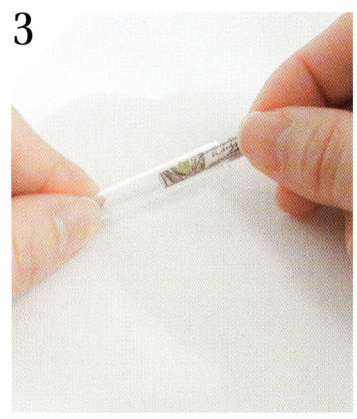

페리도트 알갱이와 같이 미니 시험관 안에 넣어주세요.

10

코르크 마개를 끼우고 라벨을 붙이면 완성.

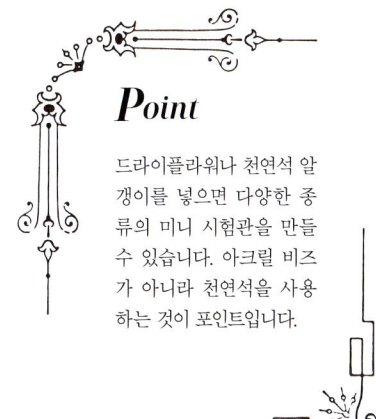

Point

드라이플라워나 천연석 알갱이를 넣으면 다양한 종류의 미니 시험관을 만들 수 있습니다. 아크릴 비즈가 아니라 천연석을 사용하는 것이 포인트입니다.

오리지널 마법진

프린트해서 자유롭게 사용해보세요. ※판매·재배포 불가

제작법 P38-39

Magic Circle Amulet
마법원 아뮬렛

마술소재 3호점

고리 하나하나가 마법진과 동등한 효력을 지녀서, 장착자의 마력을 향상
시키거나 마력 출력을 보조해주는 아뮬렛. 하지만 고리가 많으면 많을수
록 서로 간섭해서 마력 출력이 불안정해지기 때문에, 고리를 4개 이상 사
용한 아뮬렛은 대부분 상급 마술사나 마도사들이 사용한다.

※사진 아래의 「마술사 지팡이 모자 핀」은 완성 작품만 게재했습니다.

Stardust Lantern
별빛 랜턴

마술소재 3호점

그 빛나는 모습이 밤하늘에 빛나는 별들처럼 보이기 때문에, 별빛 광석이라고 부르는 돌을 사용한 랜턴.
불을 이용한 램프를 사용하면 중요한 서류 등을 태워버릴 수도 있기 때문에, 주로 이 랜턴을 광원으로 사용한다.

제작법 P40-41

Magic Circle Amulet
마법원 아뮬렛

재료
- · 9핀(5cm 이상)×1
- · 고드름 모양 부품×1
- · 금속 고리(2.5cm, 2cm, 1.8cm)×각 1
- · 스페이서×3
- · 아쿠아 오라(1.6cm)×1
- · 스와로브스키×1
- · 메탈 파츠×1
- · 펜던트 연결 고리×1
- · 체인

도구
- · 라운드 노즈 플라이어
- · 니퍼

※스와로브스키 대신 라인 스톤을 사용해도 좋습니다.

1

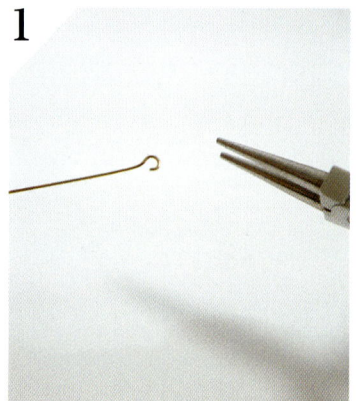

9핀 고리 부분을 벌려줍니다.

2

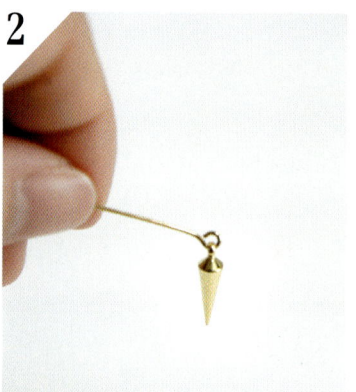

벌린 부분에 고드름 모양 부품을 끼우고 다시 닫아주세요.

3

9핀 봉 부분에 사진과 같은 순서로 금속 고리와 스페이서, 아쿠아 오라를 끼워줍니다.

4

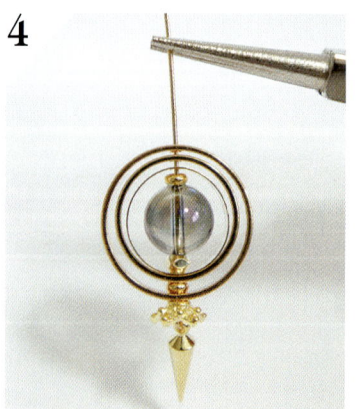

부품을 전부 끼운 모습.

5

이어서 고리 바깥쪽에 사진에 있는 순서대로 스와로브스키와 메탈 파츠를 끼워주세요.

6

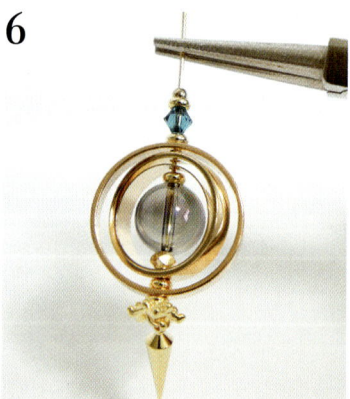

모든 부품을 끼운 모습

7

부품 밖으로 튀어나온 9핀의 봉 부분을 90도로 꺾어줍니다.

8

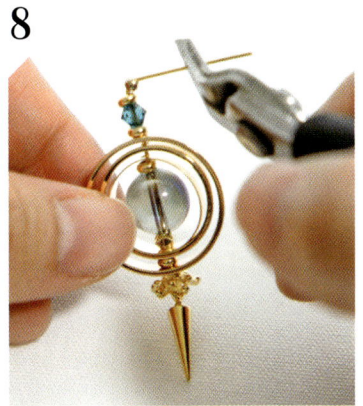

6~8mm만 남기고 잘라주세요.

9

남은 부분을 라운드 노즈 플라이어를 이용해서 고리 모양으로 만들어줍니다.

10

펜던트 연결 고리를 벌립니다.

11

9에서 만든 고리 부분에 펜던트 연결 고리를 끼우고 다시 닫아주세요.

12

펜던트 연결 고리에 체인을 끼우면 완성.

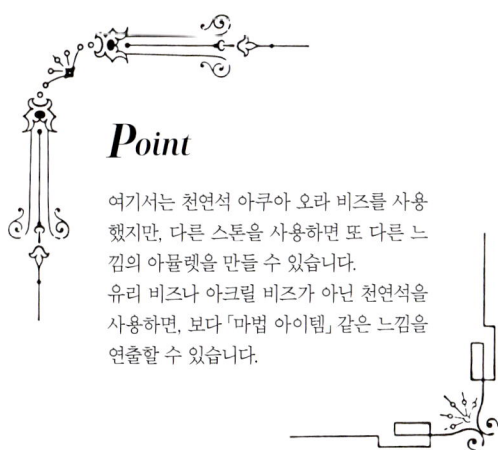

*P*oint

여기서는 천연석 아쿠아 오라 비즈를 사용했지만, 다른 스톤을 사용하면 또 다른 느낌의 아뮬렛을 만들 수 있습니다.
유리 비즈나 아크릴 비즈가 아닌 천연석을 사용하면, 보다 「마법 아이템」 같은 느낌을 연출할 수 있습니다.

Stardust Lantern
별빛 랜턴

재료			도구	
· 액상 UV 레진	· O링(작은)×1		· 조색 팔레트	
· 레진용 조색제	· O링(큰)×2		· 실리콘 몰드(수정 모양)	
(진한 파랑, 연한 파랑)	· 와이어 행거		· 이쑤시개	
· 반짝이	· 서페이서(하도 스프레이)		· UV 라이트	
· 랜턴 부품×1	· 수성 페인트(아이언 페인트)		· 가위	
· LED 아이볼트×1			· 아트나이프(커터도 가능)	
· 체인×1			· 접착제(실리콘계 수지)	
· 고드름 모양 부품×1			· 라운드 노즈 플라이어	

1

조색 팔레트에 진한 파랑과 연한 파랑색 액상 레진을 만듭니다.

2

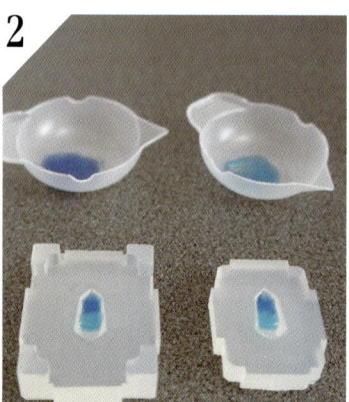

실리콘 몰드의 뾰족한 부분에 진한 파랑색 액상 레진, 중심에 연한 파란색 액상 레진을 부어줍니다.

3

그리고 착색하지 않은 투명 액상 레진을 부어서 그러데이션을 만듭니다.

4

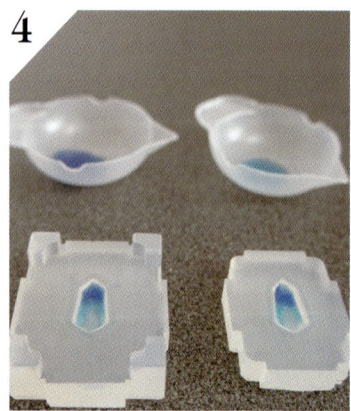

몰드는 마지막에 겹칠 예정이니까, 액상 레진을 너무 가득 넣지 말고 약간 모자라게 넣어주세요.

5

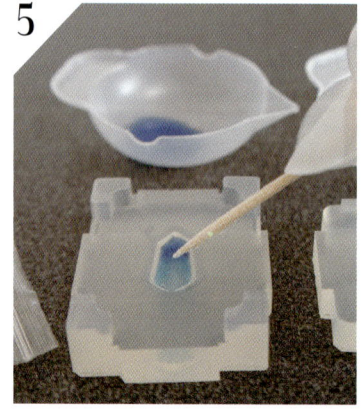

반짝이를 뿌리고 UV 라이트를 5분 동안 쬐어서 굳혀줍니다.

6

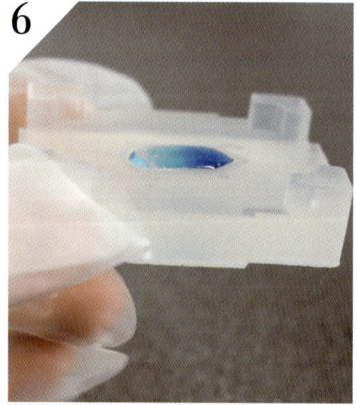

굳으면 몰드 위로 살짝 부풀어 오를 만큼 투명 액상 레진을 부어줍니다.

7

몰드 두 개를 겹쳐줍니다.

8

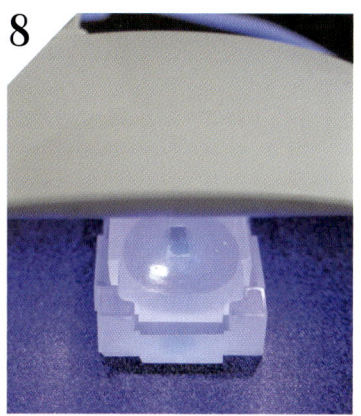

UV 라이트를 5분 동안 쬐어서 굳혀줍니다.

9

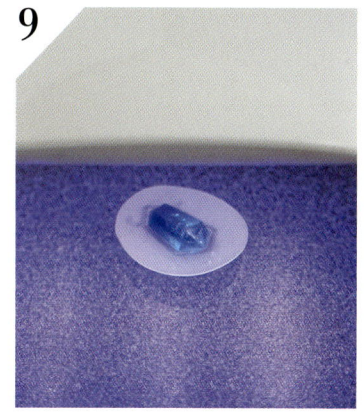

굳으면 몰드에서 꺼내고, 다시 한 번 UV 라이트를 5분 동안 쬐어주세요.

10

삐져나온 부분은 가위로 잘라주세요. 자잘한 부분은 아트나이프를 쓰면 좋습니다.

11

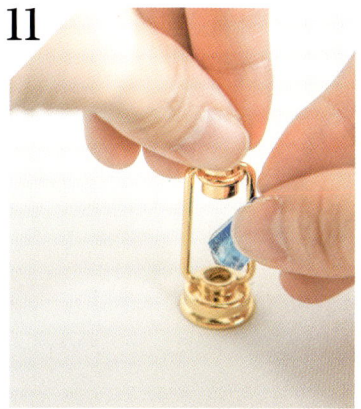

랜턴과 **10**을 접착제로 붙여줍니다.

12

옆에서 봤을 때 똑바로 서 있는지 확인하세요.

13

12에 LED 아이볼트를 접착제로 붙여줍니다.

14

체인과 고드름 부품을 작은 O링으로 연결하고, 큰 O링으로 **13**(아래쪽)을 연결합니다.

15

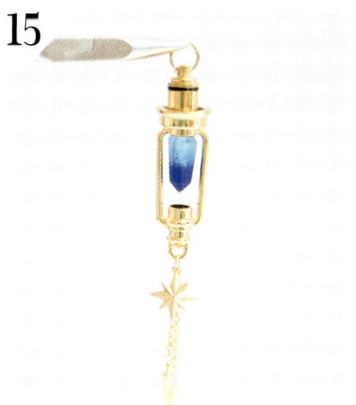

LED 아이볼트 쪽(위쪽)에도 O링을 달면 랜턴 부분은 완성.

16

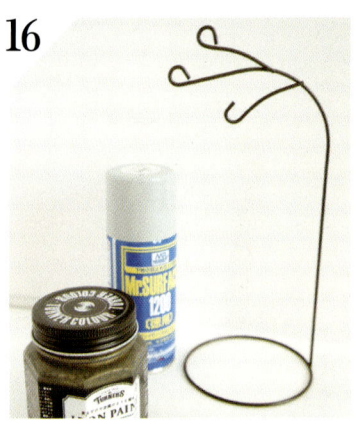

이어서 스탠드를 제작합니다. 스탠드는 100엔 숍에서 구입한 「와이어 행거」를 개조합니다.

17

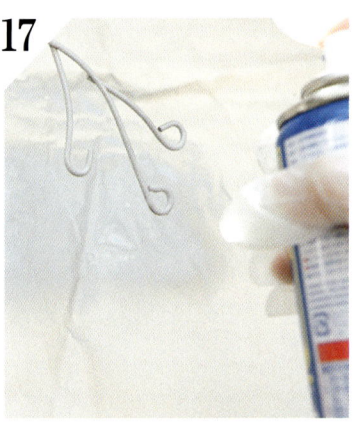

서페이서(밑칠 스프레이)를 뿌려서 원래 색을 지워줍니다.

18

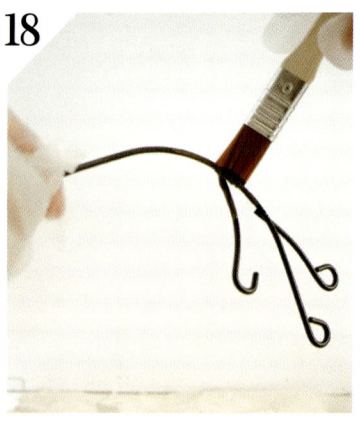

서페이서가 완전히 마르면 아이언 페인트를 칠해주세요. 도료가 마르면 완성.

Point

LED 아이볼트를 돌리면 은은한 빛이 납니다.
랜턴 부분에 고리를 달고 목걸이용 체인에 걸어주면, 몸에 착용하는 액세서리로 만들 수도 있습니다.

Scaled Mineral
비늘 광석

시바스케

비늘을 두른 광석으로 만든 마법장구.
오랜 용이 잠들어 있는 산에서는, 용에게서 흘러나온 마력이 광맥이 돼
서 마법 광석을 키운다. 거기서 채취할 수 있는 광석 일부에는 오랜 용
의 모습, 비늘 모양을 한 광석도 있다고 한다.

제작법 P44-49

Scaled Mineral
비늘 광석

재료 | · 액상 UV 레진
| · 조색제
| · 브로치대×1
| · 스와로브스키×1

도구 | · 플라스틱 컵(소)
| · 대나무 꼬치
| · 실리콘 몰드(반구, 광석 모양)
| · UV 라이트
| · 핀셋
| · 니퍼

※스와로브스키 대신 라인 스톤을 사용해도 좋습니다.

플라스틱 컵(소)에 투명 액상 레진을 5~10㎖ 따라주세요.

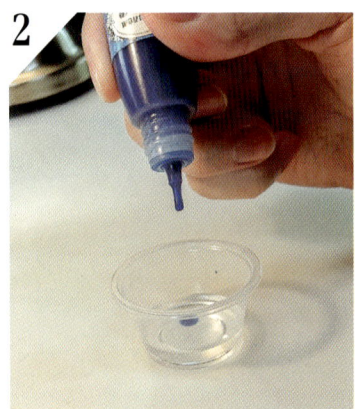
조색제를 1~2방울 넣어줍니다. 너무 많이 넣으면 잘 굳어지지 않으니까 조심하세요.

대나무 꼬치로 잘 섞어줍니다.

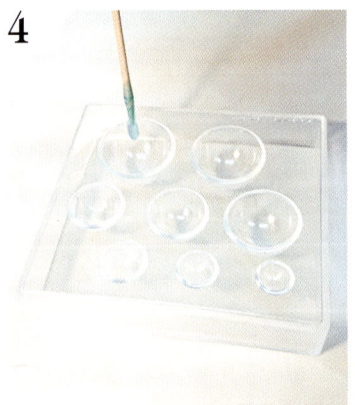
꼬치에 액상 레진을 묻히고, 몰드 가장자리를 따라서 한 방울씩 흘려줍니다. 부족하면 더 추가해주세요.

레진이 중력 때문에 바닥에 도달할 때까지 기다립니다. 몰드를 기울여줘도 됩니다.

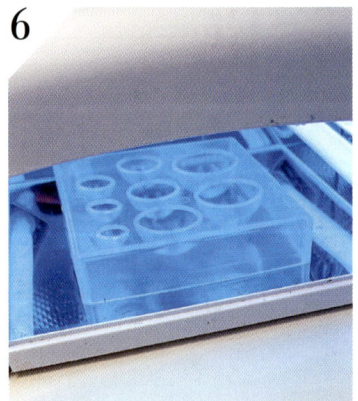
UV 라이트를 3분 정도 쬐어줍니다. 굳은 레진이 식으면 몰드에서 떼어냅니다.

7

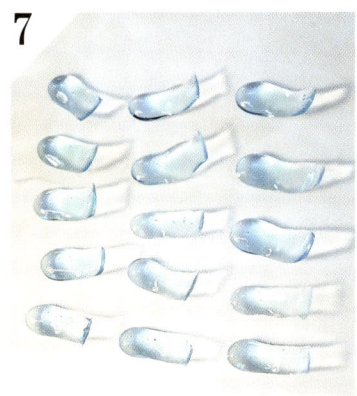

4~6 작업을 반복해서, 비늘 부품을 총 15 개 만듭니다.

8

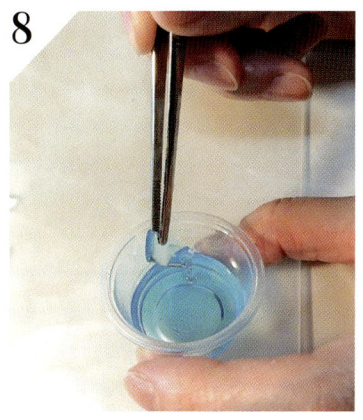

7에서 만든 비늘 부품을 핀셋으로 한 장씩 집어서, 뿌리 부분에 3에서 만들고 남은 액상 레진을 묻혀줍니다.

9

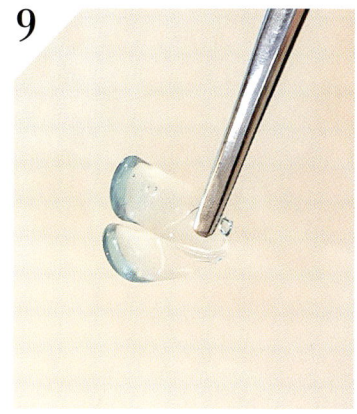

액상 레진을 묻힌 부분에, 다른 비늘 부품을 겹쳐서 붙여줍니다.

10

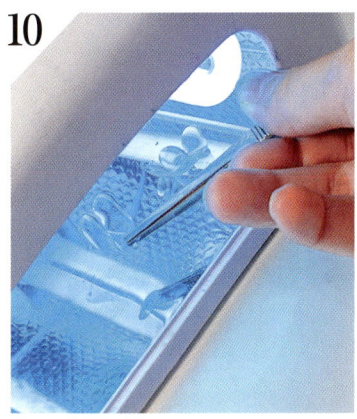

핀셋으로 잡은 채로 UV 라이트를 3분 정도 쬐어서 굳혀줍니다.

11

세 번째 비늘 부품에도 액상 레진을 묻혀줍니다.

12

10에 11을 겹쳐서 붙여줍니다.

13

핀셋으로 잡은 채 UV 라이트를 3분 정도 쬐어서 굳혀줍니다.

14

8~13을 세 번 더 반복해서, 비늘 세 장이 겹친 부품을 4세트 만들어주세요.

15

14의 부품 중 하나를 핀셋으로 집고, 아래쪽 절반의 뒷면에 액상 레진을 묻혀줍니다.

16

14에서 만든 부품 중 하나 위에 15를 붙여
줍니다.

17

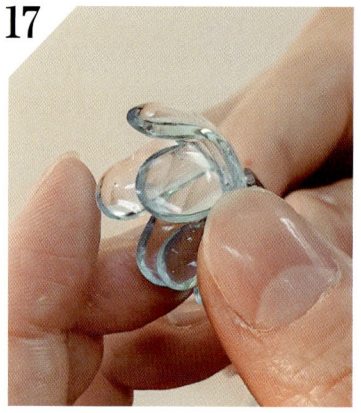

겹쳐진 부품을 움직여서 조절해주세요.

18

물고기 비늘처럼 만들어줬습니다.

19

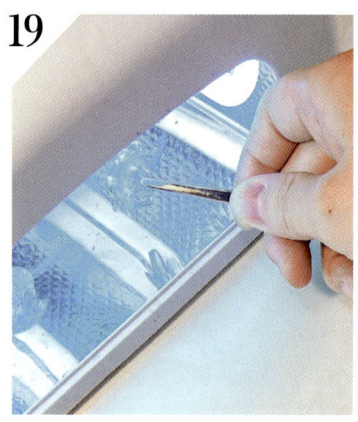

핀셋으로 잡은 채 UV 라이트를 3분 정도 쬐
어서 굳혀줍니다.

20

14에서 만든 것 중 나머지 두 세트도
15~19 순서를 반복해서, 비늘 6장이 겹쳐
진 부품을 또 한 세트 만들어주세요.

21

19를 핀셋으로 집고, 아래쪽 절반의 뒷면에
액상 레진을 묻혀줍니다.

22

20에서 만든 부품 위에 19를 붙여줍니다.

23

겹쳐진 부품을 움직여서 조절해주세요.

24

핀셋으로 잡은 채 UV 라이트를 3분 정도 쬐
어서 굳혀줍니다.

25

14에서 만든 비늘 부품 중 남은 세 개를 작업합니다. 첫 번째의 뿌리 부분에 액상 레진을 묻히고, 두 번째의 뿌리 부분에 겹쳐줍니다.

26

핀셋으로 잡은 채 UV 라이트를 3분 정도 쬐어서 굳혀줍니다.

27

세 번째의 뿌리 부분에 액상 레진을 묻히고, **26**의 첫 번째와 두 번째 사이에, 위쪽에서 붙여줍니다.

28

24 위에 **27**을 붙여주세요.

29

움직여서 위치를 조절합니다.

30

UV 라이트를 5분 정도 쬐어서 굳혀줍니다. 이걸로 비늘 부분은 완성.

31

광석 모양 실리콘 몰드를 사용해서 광석 부분을 만듭니다. 액상 레진은 비늘을 만들고 남은 것을 씁니다. 대나무 꼬치를 이용해서, 액상 레진을 몰드의 절반 정도까지 넣어주세요.

32

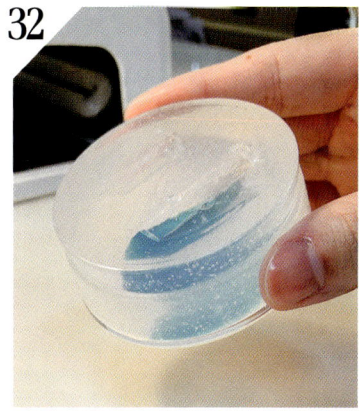

몰드를 이리저리 움직이며 기울여서 액상이 광석 끝부분에 모이도록 해줍니다.

33

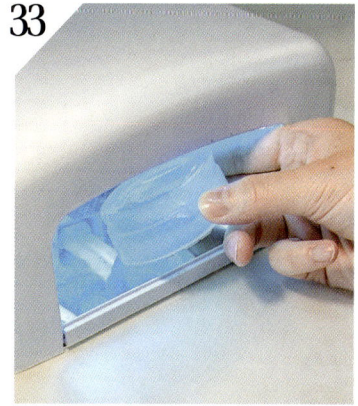

기울인 상태에서 UV 라이트를 15초 동안 쬐어주세요.

34

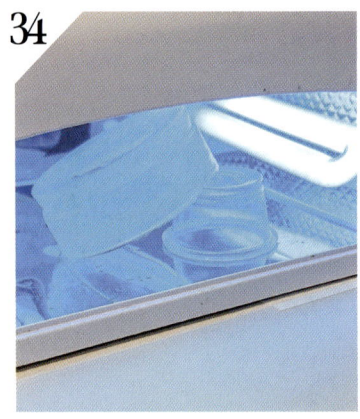

몰드 아래에 받침대를 놓고, 기울인 상태에서 5~6분 정도 UV 라이트를 쬐어주세요.

35

굳은 레진이 식으면 몰드에서 꺼내고, 니퍼 등으로 불필요한 부분을 다듬어줍니다.

36

31~35를 반복해서, 35의 광석 레진보다 조금 작은 것을 두 개 만들어주세요.

37

굳은 레진이 식으면 몰드에서 꺼냅니다. 니퍼 등으로 다듬고 길이를 조절합니다. 광석 레진 완성.

38

완성된 광석 레진(대×1, 소×2)을 브로치대에 올려보고, 위치를 결정하면 옆에서 액상 레진을 흘려서 넣어줍니다.

39

레진이 전체에 잘 퍼졌으면 5~6분 정도 UV 라이트를 쬐어줍니다.

40

30의 비늘 레진 부품을 배치합니다. 접착할 부분에 액상 레진을 발라주세요.

41

보기 좋게 배치합니다.

42

5~6분 정도 UV 라이트를 쬐어줍니다.

43

스와로브스키를 1개 배치합니다. 접착할 부분에 액상 레진을 묻혀줍니다.

44

핀셋을 이용해서 보기 좋게 배치하세요.

45

5~6분 정도 UV 라이트를 쬐이고, 굳으면 완성.

Point

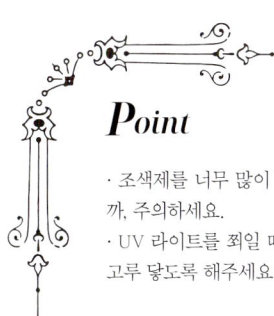

· 조색제를 너무 많이 넣으면 UV 레진이 잘 굳지 않으니까, 주의하세요.
· UV 라이트를 쬐일 때는, 각도를 바꿔가며 자외선이 골고루 닿도록 해주세요.

· 레진 속에 생긴 기포는 너무 신경 쓰지 마세요. 기포가 있는 쪽이 오히려 좋은 느낌을 주기도 합니다.

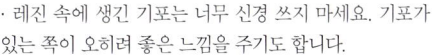

Magic Wand
마법 지팡이

시바스케

먼 옛날, 크고 큰 용이 있었다.
용이 움직이기만 해도 땅이 흔들렸고, 많은 것들이 부서졌다. 용은 그것이 너무나 슬퍼서, 움직이지 않기 위해서 잠들어버렸다.
그리고 용 위에 흙이 쌓여서, 커다란 산이 생겼다.

기나긴 잠을 자는 용.

어느새 흘러나온 용의 마력이 광맥을 만들었다.
광맥에서는 별을 품고 마력을 지닌 마법 광석을 얻을 수 있었다.

마법은 누구나 사용할 수 있지만 마력에는 개인차가 있다.
마법 장구를 이용하면 부족한 힘을 메워주고 증강시킬 수 있다.

깊고 어두운 동굴 속에서 찾아낸 마법 광석. 마법 장구점은 그것을 가지고 와서 마법 지팡이를 만들었다.

※「마법 지팡이」는 완성 작품만 게재했습니다.

Magic Wand Decoration
마법 지팡이 오브제

시바스케

6개의 마법 지팡이 모양으로 만든 오브제.
자루 부분 안쪽에 가늘고 긴 물건을 수납할 수 있다.

제작법 P53-58

Magic Wand Decoration
마법 지팡이 오브제

재료
- 실리콘 주제와 경화제
- 원형 광석
- 액상 UV 레진
- 조색제(파란색 계열)
- 장식 파츠(원형)×1
- 장식 파츠(타원형)×1
- 별 파츠×1
- 날개 파츠×6
- 나뭇가지 파츠×2
- 디자인 참×1
- 스와로브스키(2~3mm)×1

- 아크릴 파이프(길이 20cm, 지름 10mm)
- 고깔 모양 캡
- LED 캔들 받침대 부분
- 데생용 떡지우개
- 탁상용 POP 받침대 부분
- 프라이머(밑칠 스프레이. 폴리프로필렌에 사용 가능한 것)
- 스프레이 래커 도료(검정)
- 프라모델용 에나멜 도료(금색)

※스와로브스키 대신 라인 스톤을 사용해도 좋습니다.

도구
- 전자 저울
- 머들러
- 플라스틱 컵(대)
  ※실리콘 섞기와 형틀용
- 플라스틱 컵(소)
- 대나무 꼬치
- UV 라이트
- 마스킹 테이프
- 접착제(아크릴 수지계)
- 니퍼
- 이쑤시개
- 니트릴 장갑
- 마스크
- 스펀지

Memo

여기서 사용한 액상 UV 레진. 굳을 때 주름이 덜 생기고, 점도가 있어서 레진 표면을 부풀려줄 수도 있습니다.

UV 크래프트 레진
레진 프로/YOU

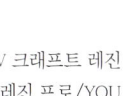

1

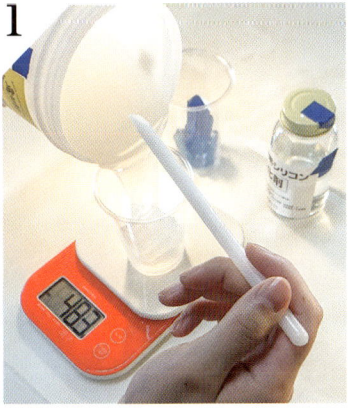

전자 저울에 플라스틱 컵(대)를 올리고, 실리콘 수제를 118g 넣어줍니다.

2

1에 경화제를 12g 넣어서 총 130g이 되게 해줍니다. ※주제와 경화제의 비율은 제품마다 다릅니다.

3

안 섞인 부분이 없도록 1~2분 동안 잘 섞어줍니다. 잘 섞이지 않으면 굳지 않을 수도 있으니 주의하세요.

4

다른 플라스틱 컵(대)에 원형으로 사용할 광석을 넣어주세요.

5

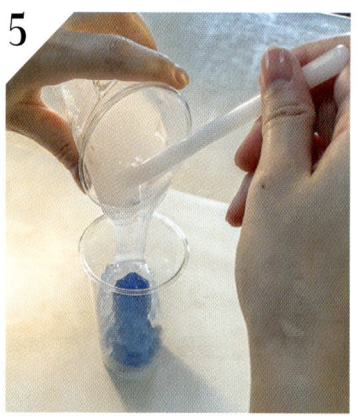

3에서 만든 액상 실리콘을 부어줍니다.

6

실리콘이 굳을 때까지 움직이지 말고 24시간 정도 놔두세요. 굳은 뒤에 원형을 꺼내면 광석 틀이 완성.

7

플라스틱 컵(소)에 틀을 채울 분량의 액상 투명 레진을 따라줍니다.

8

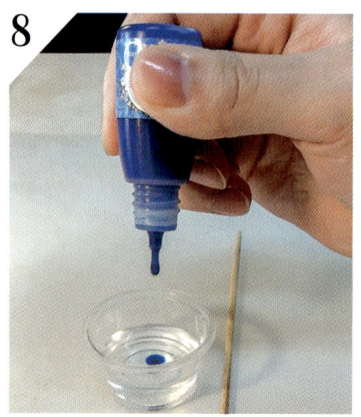

조색제를 1~2방울 넣어주세요. 너무 많이 넣으면 색이 너무 진해지고 잘 굳지 않으니까 조심하세요.

9

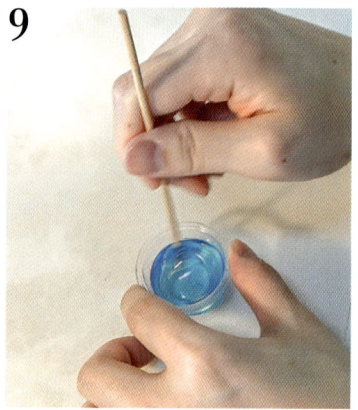

대나무 꼬치로 잘 섞어주세요. 여기서 반짝이 가루를 추가해도 좋습니다.

10

6의 광석 틀에 액상 레진을 부어줍니다.

11

틀 끝부분까지 액상 레진이 들어가도록 꼬치로 밀어 넣어줍니다.

12

틀 입구 부분까지 액상 레진을 추가해주세요.

13

UV 라이트를 위쪽에서 10분 동안 쬐어줍니다. 그리고 뒤집어서 다시 10분. 그 뒤에 돌려주면서 옆쪽에서 5분. 총 25분 정도 쬐어주세요.

14

굳은 레진이 식으면 틀에서 꺼내줍니다. 광석 레진이 완성. 장식 파츠(원형)을 준비합니다.

15

광석 레진 바닥면에 액상 레진을 3~4방울 떨어트립니다.

16

장식 파츠(원형)을 위에 올려주세요.

17

UV 라이트를 15초 정도 쬐어서 임시로 고정합니다.

18

다시 한 번 액상 레진을 떨어트립니다.

19

대나무 꼬치를 이용해서 골고루 펴서 발라주세요.

20

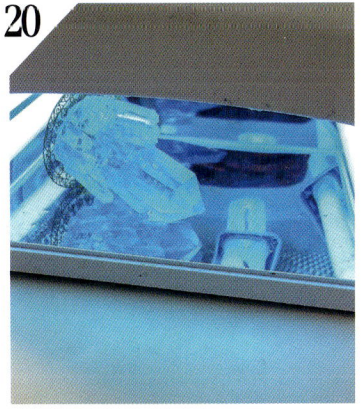

UV 라이트를 5~6분 정도 쬐어줍니다.

21

광석 레진 부분이 완성됐습니다.

22

엠블럼 부분을 제작합니다. 재료와 도구는
사진과 같습니다.

23

장식 파츠(타원)과 별 파츠의 고리 뒤쪽에 마
스킹 테이프를 붙여줍니다.

24

장식 파츠(타원) 전체에 접착제를 바릅니다.

25

24에 날개 부품을 순서대로 붙여주세요.

26

위아래를 합쳐서 4장을 붙였으면, 중심에 접
착제를 추가합니다.

27

날개 부품 2장을 균형을 봐가며 접착합니다.

28

나뭇가지 부품 2개의 길이를 조절합니다. 불
필요한 부분은 니퍼로 잘라주세요.

29

27의 중심에 접착제를 추가합니다.

30

29에 나뭇가지 부품 2개를 V자 모양으로
접착합니다. 왼쪽은 앞면을, 오른쪽은 뒤집
어서 사용합니다.

31

30의 중심에 접착제를 추가하고 디자인 참을 접착합니다. 첫 번째 엠블럼 완성.

32

이쑤시개로 접착제를 조금 덜어서, 별 파츠의 고리 부분에 발라줍니다.

33

스와로브스키를 접착합니다. 두 번째 엠블럼 완성.

34

자루 부분을 만듭니다. 재료와 도구는 사진과 같습니다.

35

아크릴 파이프를 고깔 모양 캡에 끼워 넣고 접착합니다.

36

LED 캔들 받침의 구멍이 작은 쪽에 떡지우개를 넣어줍니다.

37

떡지우개를 찌르는 것처럼, 35의 아크릴 파이프를 끼워줍니다 떡지우개는 아크릴 파이프가 흔들리는 것을 막기 위해 넣었습니다.

38

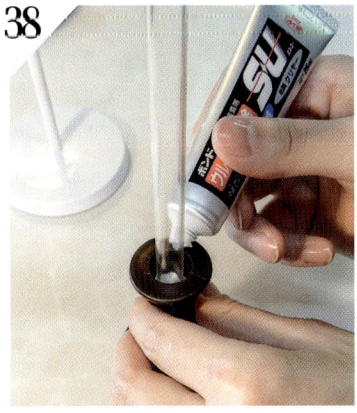

받침대와 아크릴 파이프 사이에 접착제를 흘려 넣어줍니다.

39

접착제가 마르면 받침대에 31의 엠블럼을 보기 좋게 접착해주세요.

40

마스크와 장갑을 끼고, 실외 등의 환기가 잘 되는 곳에 가서 전체에 프라이머(도색 밑칠 스프레이)를 뿌려줍니다. 15~20분 정도 말려주세요.

41

마찬가지로 실외 등의 환기가 잘 되는 곳에서 래커 스프레이(검정)를 뿌려줍니다. 40~50분 정도 말려줍니다.

42

금속 느낌으로 칠해줍니다. 스펀지에 프라모델용 도료(금색)을 살짝 묻혀서 톡톡 두드려 주거나 슬슬 문질러주는 느낌으로 칠해주세요.

43

아래쪽 부분도 잊지 말고 칠하세요. 다 마르면 착색 완료.

44

엠블럼에 33에서 만든 엠블럼을 겹쳐서 접착합니다.

45

받침대 안쪽에 접착제를 발라주세요.

46

21의 광석 레진을 접착하면 완성.

Comment

「마법 지팡이 오브제」는 오른쪽 페이지에 있는 마법 지팡이를 따라서 만들었습니다. 마법 지팡이는 완성 사진만 게재합니다. 이야기와 함께 즐겨보세요.

Concept
달을 쫓고 태양을 쫓아서 빙글빙글 도는 윤회의 지팡이.

Story
은은한 달빛 같은 따뜻한 색이 감도는 마법 광석을 사용한 지팡이. 해가 달을, 달이 해를 쫓아서 빙글빙글 도는 낮과 밤이 모티브이다.

Concept
별처럼 밤하늘을 달리는 날개 수정 지팡이.

Story
마법 광석 채취 때, 드물게 광맥 속에 날개를 내포한 광석이 발견된다. 주인에게 별처럼 밤하늘을 누비는 마법을 사용할 수 있게 해준다.

Concept
별의 예정운명도(豫定運命圖)를 읽고 별을 만드는 지팡이.

Story
파란 광석 안의 별 그림자. 사용자는 별을 만들 수 있다. 별, 즉 이것을 포함한 마법 광석을 뜻하고, 또 머리와 양쪽 손발로 마법을 일으키는 사람을 가리킨다.

Concept
5장의 날개로 모든 것을 들여다보는 전지(全智)의 지팡이.

Story
둥근 광석 안에 다른 종류의 마법 광석을 내포한 포괄형 광석. 6번째 마법 지팡이는 사정이 있어서 사라져버린 2번째의 복제품. 2번째와 다르게 날개가 5쌍 있는, 완벽한 형태를 지녔다.

Concept
시간을 멈추는 마법 지팡이.

Story
먼 옛날, 오래된 마도서의 금단의 한 구절을 소리 내서 읊은 주인이 눈 뜨게 만든 지팡이. 시간을 뜻하는 시계 부품 톱니바퀴가 들어가 있다.

(사진 오른쪽)

Forest Of The Wizard
마법사의 숲 메르헨 하바리움 라이트

시리우스

「밤의 색을 지닌 숲」과 낮의 세상 사이, 마녀들이 사는 「마녀의 숲」 맞은편에 이 「마법사의 숲」이 있었습니다. 조용히 서 있는 진한 녹색 나무들 사이로 붉은색과 보라색 꽃들이 피어 있는 그 숲은, 어딘가 신비한 분위기입니다.

그도 그럴 것이, 이 숲에서는 예전에 이름을 떨쳤던 유명한 마법사들이 오늘도 매일같이 열심히 마법을 연구하고 있습니다.

숲속을 걸을 때는 조심하세요. 마법이 걸린 광석들이 여기저기에 굴러다니고 있으니까요….

제작법 P62-64

(사진 오른쪽)

Forest Of The Water Spirits
물 정령의 숲 메르헨 하바리움라이트

시리우스

밝게 빛나는 『요정의 숲』과 이어진 호수 바닥에, 조용한 『물 정령의 숲』이 있습니다. 이 숲은 상냥하고 아름다운 물 정령들이 사는 신비로운 숲입니다.

물밑에는 하늘에서 떨어진 별 조각들이 곳곳에서 반짝이고, 그 조각들을 양분으로 삼아서 피어난 꽃들은 투명한 빛을 발하면서 조용히 흔들리고 있습니다.

이렇게 자라온 이 숲의 맑은 물은 모든 것들을 치유하고, 안식을 가져다주고, 정숙으로 가득한 시간을 가져다줍니다.

제작법 P65-67

Forest Of The Wizard
마법사의 숲

재료		도구	
· 유리병	· 천연석(형석이나 자수정처럼	도구	· 핀셋
· 아크릴 비즈×8	색이 짙고 빛이 투과되는 것)×1		· 막대
· 유리 컬릿×3	· 컬리 스모크		· 깔대기
· 프리저브드 모스	· 작은 꽃×5		
· 크리스탈 비즈	· 톱니바퀴 파츠×2		
· 자개 글리터(한 꼬집)	· 스켈톤 리프×1		
· 유리알 스톤(한 꼬집)	· 반짝이(한 꼬집)		
· 작은 천연석(한 꼬집)	· 하바리움 오일(200ml)		
· 금박			
· 홀로그램			
· 수국			
· 작은 꽃			

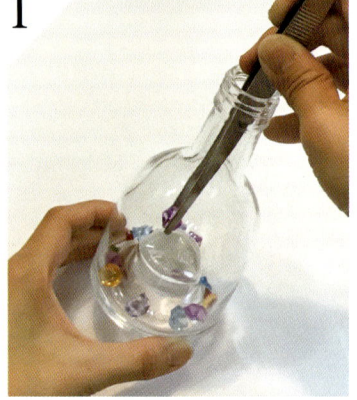

1

병 바닥에 아크릴 비즈와 유리 컬릿을 깔아
줍니다.

2

1 위에 프리저브드 모스를 채워갑니다.

3

사진에 있는 만큼까지 넣어줍니다.

4

모스와 병 사이에 크리스탈 비즈를 넣어주
세요.

5

막대를 이용해서 모스와 병 사이를 꾹 눌러
주면 비즈가 움직이지 않고, 깔끔하게 마무
리됩니다.

6

자개 글리터와 유리알 스톤 등의 작은 재료
는 손으로 집고, 병을 돌리면서 넣어줍니다.

7

작은 천연석을 뿌려주세요.

8

금박지를 뿌려줍니다.

9

홀로그램도 뿌려주세요.

10

모스에 빈 틈이 있으면 아크릴 비즈나 유리 컬릿을 추가해주세요.

11

수국을 병 안쪽 면 쪽으로 붙게 넣어주세요.

12

수국이 병 안에서 움직이지 않게 줄기 부분의 모스를 꾹 눌러주세요.

13

색색의 수국을 예쁘게 배치했습니다.

14

수국 사이에 작은 꽃을 넣어줍니다. 줄기를 모스에 꽂는 느낌으로 넣어주면 됩니다.

15

모스 위, 중앙에 천연석을 넣어줍니다.

16

꽃들 사이에 컬리 스모크를 조금 넣어주세요.

17

마무리용 홀로그램을 뿌려줍니다.

18

마무리용 금박을 뿌려주세요.

19

작은 꽃을 넣어줍니다.

20

톱니바퀴 파츠를 넣어주세요.

21

스켈톤 리프를 넣어주세요.

22

소재들이 병 안에 균형 있게 들어갔습니다.

23

깔대기를 이용해서, 하바리움 오일을 천천히
따라줍니다.

24

마무리로 반짝이 가루를 뿌린 뒤에 뚜껑을
닫아주세요.

Forest Of The Water Spirits
물 정령의 숲

재료	
	· 유리병
	· 아크릴 비즈×8
	· 유리 컬릿×3
	· 프리저브드 모스
	· 크리스탈 비즈
	· 자개 글리터(한 꼬집)
	· 유리알 스톤(한 꼬집)
	· 작은 천연석(한 꼬집)
	· 머메이드 펄×5

· 금박
· 홀로그램
· 수국
· 작은 꽃
· 컬리 스모크
· 하바리움 오일(180ml)
· 반짝이(한 꼬집)

도구	
	· 핀셋
	· 깔대기
	· 대나무 꼬치

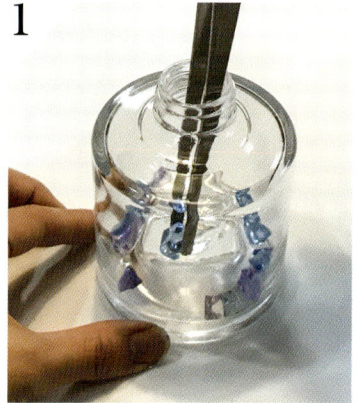

1 병 바닥에 아크릴 비즈와 유리 컬릿을 놓아
주세요.

2 1 위에 프리저브드 모스를 채워줍니다.

3 사진에 있는 정도까지 모스를 넣어주세요.

4 모스와 병 사이에 크리스탈 비즈를 넣어주
세요. 모스와 병 사이에 잘 끼워 넣어주면 비
즈가 움직이지 않고, 깔끔한 모양을 유지합
니다.

5 자개 글리터와 유리알 스톤 등의 작은 재료
는 손으로 집고, 병을 돌리면서 넣어주세요.

6 작은 천연석을 뿌려주세요.

7

큰 소재는 핀셋으로 집어서 넣어줍니다.

8

금박을 뿌려주세요.

9

홀로그램을 뿌려주세요.

10

모스에 틈이 있으면 아크릴 비즈나 유리 컬 릿을 추가합니다.

11

수국을 병 안쪽 면 쪽으로 붙게 넣어주세요.

12

수국이 병 안에서 움직이지 않게 줄기 부분 의 모스를 꾹 눌러주세요.

13

수국이 예쁘게 배치됐습니다.

14

수국 틈새에 작은 꽃을 넣어줍니다. 줄기를 모스에 꽂는 느낌으로 넣어주세요.

15

꽃들 사이에 컬리 스모크를 약간 넣어주세요.

16

소재들이 균형 있게 배치됐습니다.

17

깔대기를 이용해서 하바리움 오일을 천천히 따라줍니다.

18

마무리로 반짝이 가루를 뿌려주세요.

19

반짝이 가루가 병 안에 잘 퍼지도록, 대나무 꼬치로 살살 저어준 뒤에 뚜껑을 닫아주세요.

Point

모스가 베이스가 되기 때문에, 모스를 잘 눌러서 자리를 잡게 해주지 않으면, 나중에 들어가는 비즈나 꽃이 움직이게 됩니다. 모스를 잘 눌러주면 깔끔하게 처리됩니다.

자개 글리터나 유리알 비즈, 천연석, 금박, 홀로그램 등의 작은 소재를 뿌릴 때는 병을 기울여서 최대한 병 바깥쪽으로 가게 뿌려주면, 병 밖에서 봤을 때 예쁘게 보입니다.

Tree Of The Universe
우주가 열리는 나무

우주를 동경하던 여행자.
우주 조각을 손에 넣기에는 부족한 것이 있었다.
여행자는 섬들을 돌아다닌 끝에, 마침내 깊은 숲속에서
우주가 열리는 나무를 찾아냈다.

제작법 P69-73

※왼쪽의 「우주가 열리는 나무(대)」는 완성 작품만 게재했습니다.

Tree Of The Universe
우주가 열리는 나무

재료
- 꽃철사 26호
- 액상 UV 레진
- 조색제
- 반짝이(금색)
- 그릇
- 유리 컬릿

도구
- 지환봉(6mm, 8mm)
- 라운드 노즈 플라이어
- 롱노즈 플라이어
- 조색 스틱
- 이쑤시개
- 조색 팔레트
- UV 라이트
- 접착제(실릴화 우레탄 수지)

1

꽃철사(26)을 반으로 구부립니다. 구부린 부분이 잎이 되니까, 극단적으로 구부리지 말고 끝이 둥그스름하게 해주세요.

2

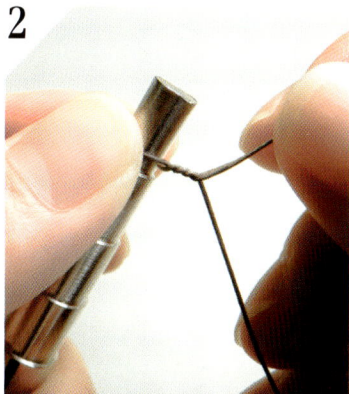

구부린 부분에 지환봉(6mm)를 대서 원을 만들고, 3~4번 꼬아줍니다. 지환봉이 없을 때는 굵기가 같은 둥근 봉을 써도 됩니다.

3

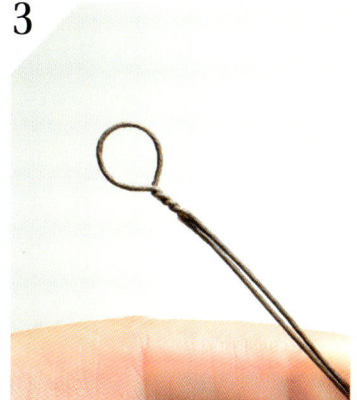

원이 만들어졌습니다.

4

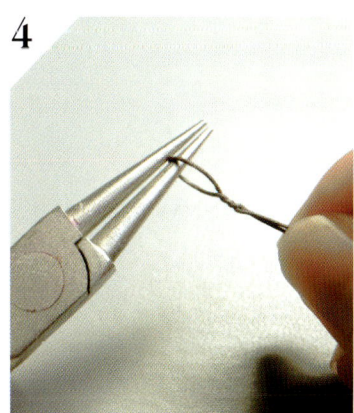

3에 라운드 노즈 플라이어를 사용해서 나뭇잎 모양을 만들어줍니다.

5

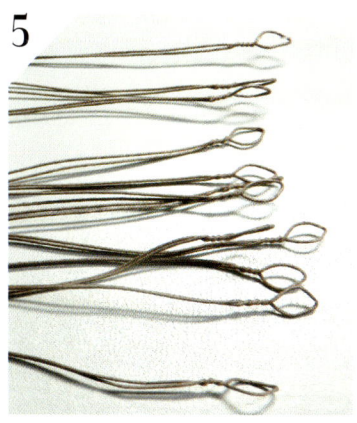

2~4를 반복해서 6mm 잎을 12개 만들어 주세요.

6

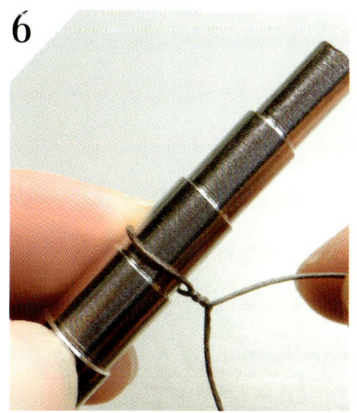

지환봉(8mm)를 사용해서 원을 만듭니다.

7

6을 롱노즈 플라이어를 사용해서 나뭇잎 모양으로 만들어줍니다. **6~7**을 반복해서 8mm 잎을 11개 만들어주세요.

8

총 23개의 나뭇잎 틀이 만들어졌습니다. 지금부터 6mm를 나뭇잎(소), 8mm를 나뭇잎(대)라고 하겠습니다.

9

나뭇잎을 모아서 가지를 만듭니다. 먼저 나뭇잎(소) 2개의 와이어를 하나씩 겹치고 꼬아줍니다.

10

1cm 정도 꼬아서 하나로 만들어줍니다. 아래쪽은 두 개씩 나눠놓으세요.

11

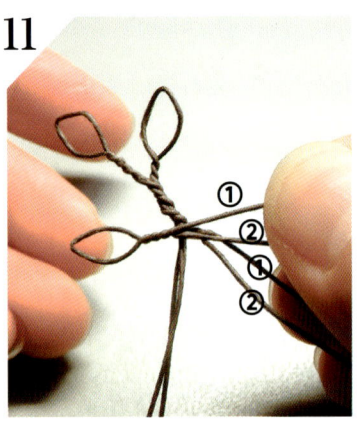

세 번째 나뭇잎(소)를 ①과 ①, ②와 ②로 꼬아서 고정합니다.

12

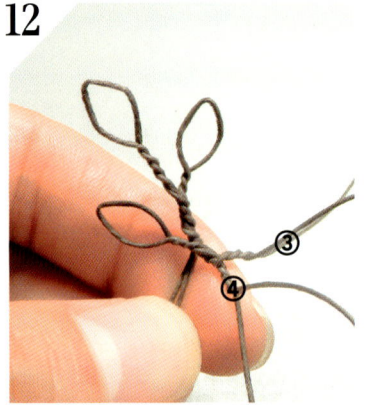

③과 ④를 같이 꼬아줍니다.

13

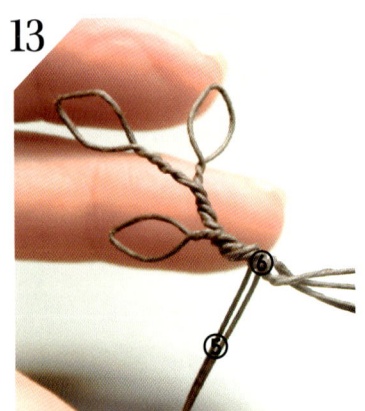

⑤를 ⑥에 감아주세요.

14

13을 뒤집어서 네 번째 나뭇잎(대)을 **13**에 고정합니다.

15

자연스럽게 보이도록 서로 다른 위치에 앞뒤를 바꾸고, 위치는 조금씩 내려가면서 고정합니다. 같은 높이, 같은 면이 계속되면 부자연스럽게 보입니다.

16

11~13과 같은 방법으로 와이어를 꼬아줍니다.

17

나뭇가지처럼 보이도록 철사를 감아주는 게 포인트입니다.

18

5~8번째 나뭇잎(대)도 **11~13**의 순서로 꼬아주세요.

19

가지가 완성됐습니다.

20

1~19를 반복해서 나뭇가지를 4개 만들어 주세요. 나뭇잎 숫자는 각각 8개, 6개, 5개, 4개입니다.

21

투명 액상 레진에 색을 입혀서 하늘색과 파란색 액상 레진을 만듭니다. 반짝이를 섞어 줘도 좋습니다.

22

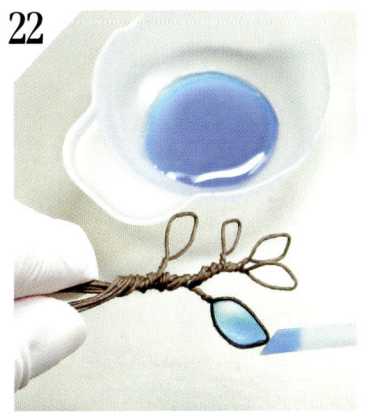

조색 스틱과 이쑤시개를 사용해서 나뭇잎에 막을 만드는 것처럼 하늘색 액상 레진을 얹어줍니다.

23

굳기 전에 파란색 액상 레진을 끝쪽에 대서 번져나가게 합니다.

24

UV 라이트를 2분 정도 쬐어서 굳혀줍니다. 모든 나뭇잎에 똑같이 해주세요.

25

잎에 얹어줄 별을 만듭니다. 투명 액상 레진에 금색 반짝이를 섞어주세요.

26

25를 잎 양면에 발라주고 UV 라이트를 2분 정도 쬐어서 굳혀줍니다. 이걸 나뭇잎 하나 하나에 전부 해주세요.

27

나뭇잎을 전부 코팅해줍니다. 26에 투명 액상 레진을 바르고, UV 라이트를 2분 정도 쬐어서 굳혀줍니다.

28

모든 나뭇잎에 색을 입혔습니다. 이어서 가지를 나무 줄기로 만들어갑니다.

29

먼저 잎 8개 가지와 6개 가지를 모아줍니다. 8개 가지의 철사 부분과 6개 가지의 철사를 각각 2개로 나눠서, 8개 가지의 나눠놓은 철사 위에 겹쳐줍니다.

30

겹쳐진 철사를 각각 꼬아서 고정합니다.

31

고정되면 꼬아서 하나로 만들어갑니다.

32

메인 가지와 이어지는 철사의 흐름이 흐트러지지 않도록 주의하면서, 철사 다발을 2개로 나눠주세요.

33

잎 5개 가지를 2개로 나누고 32에 겹쳐줍니다.

34

겹친 철사를 각각 꼬아서 고정합니다. 나무의 모양을 고려하고 위치를 정한 뒤에 고정하면 좋습니다.

35

고정했으면 한 다발로 모아줍니다.

36

모은 철사에 남은 철사를 감아서 나무 줄기를 만들어갑니다.

37

32~36의 순서로 잎 4개짜리 가지를 고정합니다. 철사 끝이 뾰족하니까 다치지 않게 조심하세요.

38

자립할 수 있게 다리를 만들어줍니다. 나무 줄기를 만들고 두 갈래로 나눠줍니다.

39

나눈 와이어가 원 모양을 그리도록 구부리고, 자립할 수 있게 조절합니다.

40

39의 밑면에 접착제를 발라서 그릇에 접착합니다.

41

섭착제가 마르면 유리 컬릿으로 뿌리를 묻어주고 완성. 여기서는 씨 글라스 컬릿을 사용했습니다.

Space Egg
우주 알

우주가 열리는 나무

나무에 열매가 열렸다.
손에 들어서 빛을 비춰보니, 반짝이는 별들이 보인다.
아무래도 우주를 내포하고 있는 것 같다.

나는 이 열매에 우주 알이라는 이름을 지어줬다.
이 열매에서 새로운 우주가 태어날 것 같다는 기분이 들었
기 때문이다.

제작법 P75-79

※사진 오른쪽의 「은하 알」은 완성 작품만 게재했습니다.

Space Egg
우주 알

재료	· 액상 UV 레진	· 소용돌이용 반짝이(아주 고운 것)
	· 조색제	· 접착식 고리
	· 뒷면용 반짝이	· 목걸이 체인 등의 액세서리 파츠
	· 인공 오팔 컬릿 또는	
	홀로그램 오로라 코팅 유리 스톤(약 3mm)	

도구	· 조색 스틱	· 가위
	· 조색 팔레트	· 커터
	· 엠보스 히터	· 사포(400번~1000번. 습식 연마 가능)
	· 알루미늄 포일	· 금속 줄(800번)
	· 실리콘 몰드(달걀 모양, 세로로 분리된 타입, 20mm)	· 고정용 떡지우개
	· UV 라이트	· 철사
	· 송곳	· 코팅액
	· 핸디 타입 UV 라이트	

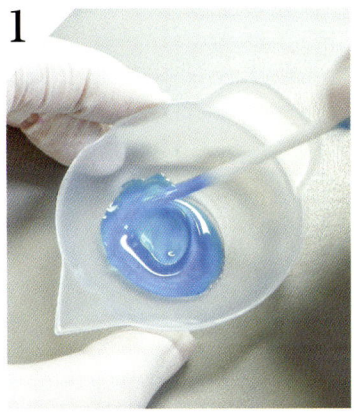

1

조색 팔레트에 투명 액상 레진을 넣고서 파란색을 입혀줍니다.

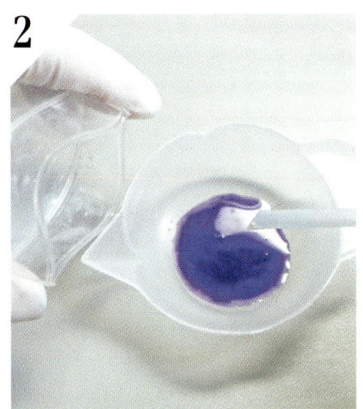

2

다른 팔레트에 투명 액상 레진을 넣고서 보라색을 입혀주고 반짝이도 넣어줍니다. **1**과 함께, 엠보스 히터를 사용해서 기포를 없애주세요.

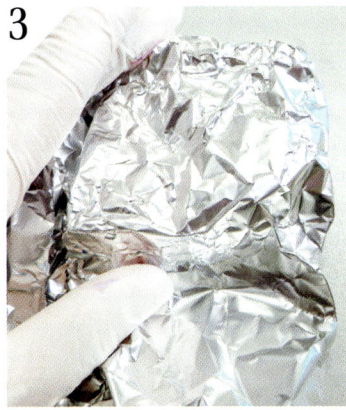

3

UV 레진은 햇빛이 비치면 굳어버리니까, 알루미늄 포일로 싸거나 빛이 통하지 않는 서랍 등에 넣어두세요.

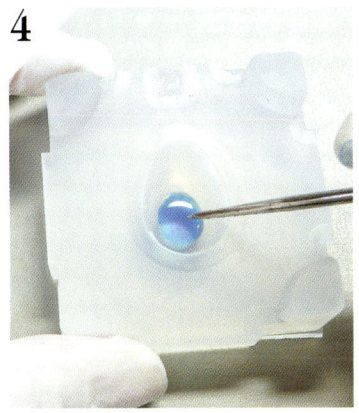

4

먼저 뒷면 쪽 레진을 만들겠습니다. 달걀 모양 몰드의 뒷면 아래쪽 절반 부분에 파란색 액상 레진만 얇게 넣어주고 UV 라이트를 2분 정도 쬐어서 굳혀줍니다. 중간중간 바늘 등으로 찔러서 완전히 굳었는지 확인해주세요.

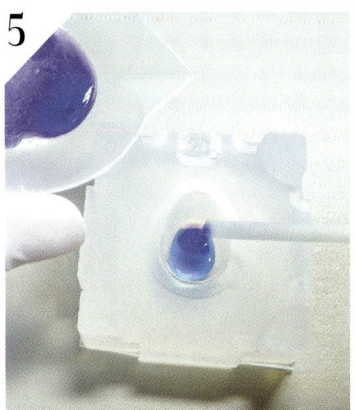

5

4의 아래쪽에 파란색 레진을 겹쳐서 넣고, 위쪽에는 **3**에서 만든 보라색 액상 레진을 겹쳐서 넣어줍니다. 경계선을 살짝 섞어주세요.

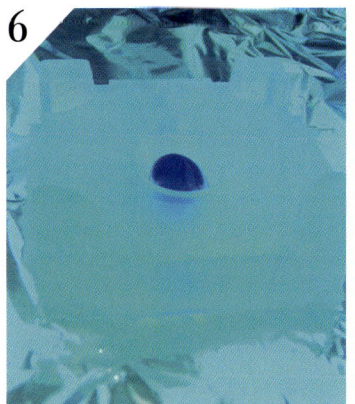

6

UV 라이트를 2분 정도 쬐어서 굳혀줍니다.

7

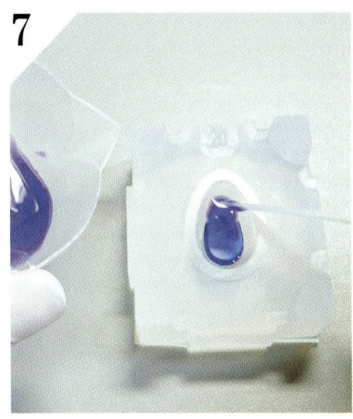

6의 위쪽에 보라색 액상 레진을 겹쳐줍니다. 액이 아래쪽으로 가지 않게 주의하세요.

8

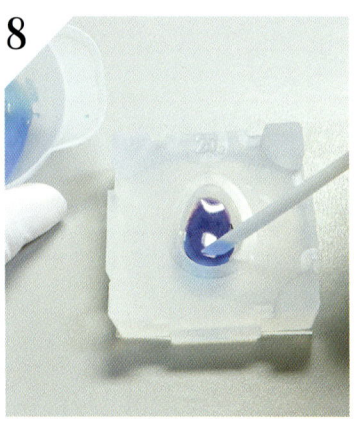

7의 아래쪽에 파란색 액상 레진을 넣고 경계선을 살짝 섞어줍니다. UV 라이트를 2분 쬐어서 굳혀줍니다. 그리고 5~8을 반복합니다.

9

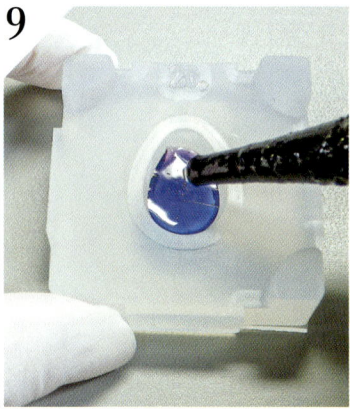

8 위에 투명 액상 레진을 균등하게 발라줍니다.

10

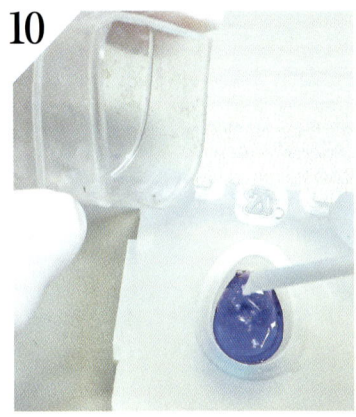

은하수 이미지로 반짝이 가루를 뿌려주고, UV 라이트를 2분 정도 쬐어서 굳혀줍니다.

11

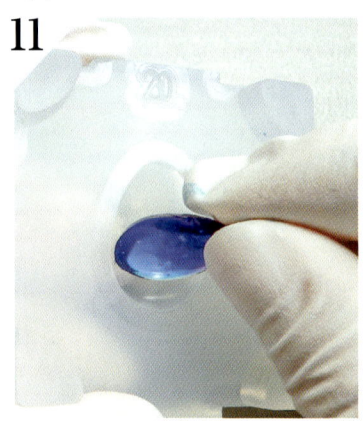

굳은 레진이 식으면 몰드에서 꺼내고 삐져나온 부분을 정리해줍니다.

12

뒷면 몰드에 레진 조각이 남아 있으면 제거하고, 투명 액상 레진을 붓고 엠보스 히터를 사용해서 액상을 유연하게 해주세요.

13

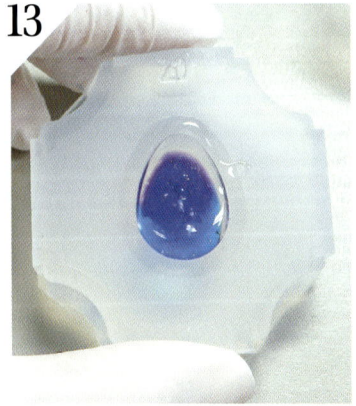

12에 11을 넣고 뒷면에 기포가 없는지 확인합니다. 표면이 살짝 부풀어 오르는 정도까지 액상 레진을 넣어주세요.

14

뚜껑을 덮고, 기울지 않도록 주의하며, 위쪽에서 UV 라이트를 2분 동안 쬐어줍니다. 그리고 뒤집어서 2분 동안 쬐어서 굳혀줍니다.

15

앞면 레진을 만들겠습니다. 달걀 모양의 앞면 몰드에 투명 액상 레진을 조금 넣고 엠보스 히터로 기포를 없앤 뒤에 UV 라이트를 2분 정도 쬐어서 굳혀줍니다.

16

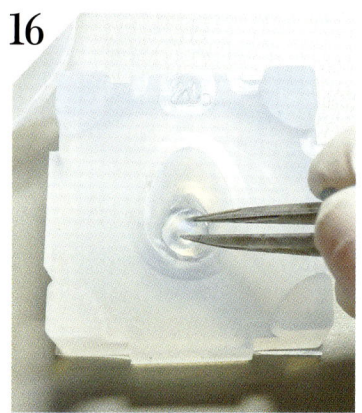

15 위에 투명 액상 레진을 추가한 뒤에 스톤이나 인공 오팔 컬릿을 한 알 넣어줍니다. 크기는 3mm 정도를 추천합니다.

17

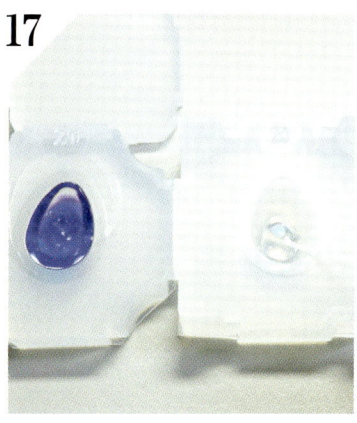

14와 같이 놓고 비교하며 스톤의 위치를 조정한 뒤에 UV 라이트를 2분 정도 쬐어서 굳혀줍니다.

18

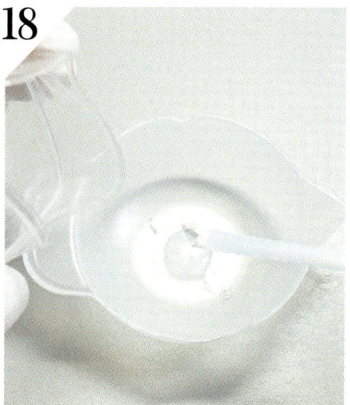

소용돌이용 액상 레진을 만듭니다. 투명 액상 레진에 고운 반짝이 가루를 섞어줍니다.

19

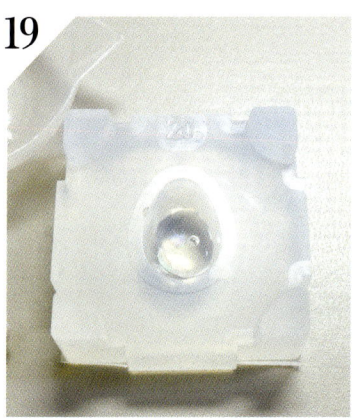

투명 액상 레진을 살짝 두툼하게 넣어줍니다.

20

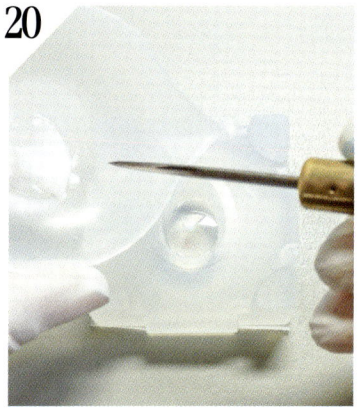

18을 송곳 등으로 떠서 **19**의 스톤 주위에 소용돌이를 그려줍니다. 금속 도구를 사용하면 기포가 잘 생기지 않습니다.

21

액상 레진은 흐르기 쉬우니까, 소용돌이를 그린 뒤에 바로 굳혀주세요. 이때 몰드를 움직이지 않는 게 좋으니까, 핸디 타입 UV 라이트를 사용하면 좋습니다.

22

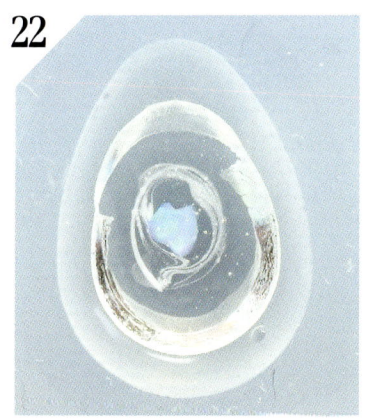

19~21 작업을 2~3회 반복하면 이런 소용돌이를 그릴 수 있습니다.

23

21 아래쪽에 액상 UV 레진을 부어주세요. 위쪽에도 살짝 부풀어 오를 정도로 투명 액상 레진을 추가합니다. 기포가 생기면 엠보스 히터로 없애주세요.

24

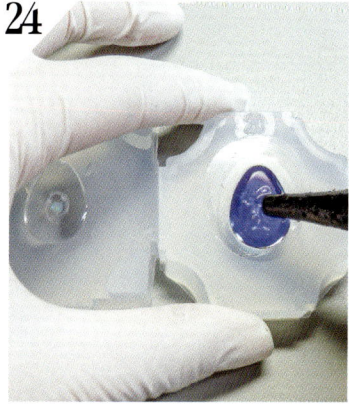

뒷면 쪽 레진과 합칩니다 이때 표면에 기포가 들어가지 않게, 뒷면 쪽에 투명 액상 레진을 발라주세요.

25

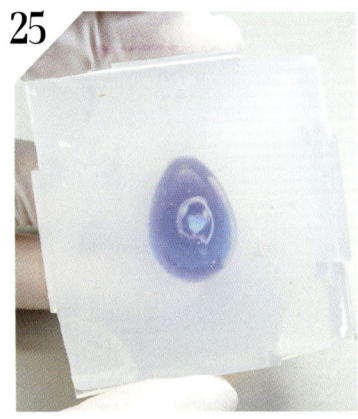

뒷면 쪽을 위로 해서 앞쪽 몰드를 합쳐줍니다. 몰드 뒤쪽을 보면서 기포가 없는지 확인하세요. 힘을 너무 주면 기포가 들어가기 쉬우니 주의하세요.

26

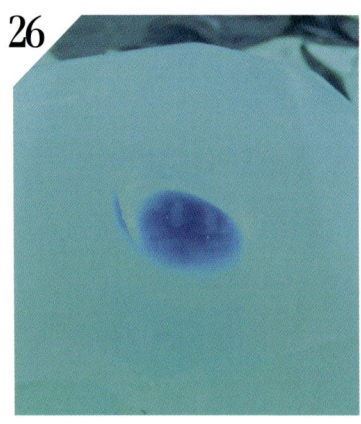

위쪽에서 UV 라이트를 2분 동안 쬐어줍니다. 그리고 뒤집어서 또 2분 동안 쬐어주세요.

27

굳은 레진이 식으면 몰드에서 꺼내고 UV 라이트를 5분 동안 더 쬐어줍니다. 식으면 가위와 커터를 이용해서, 흠집이 생기지 않도록 조심하며 튀어나온 부분을 제거합니다.

28

사포로 다듬어줍니다. 400번은 접합선의 단차 부분에. 600번으로 전체적인 면을 다듬은 뒤에 800번, 1000번으로 면을 정리합니다.

29

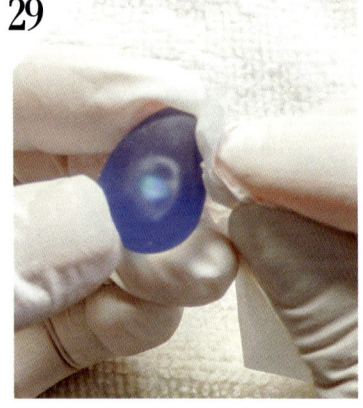

사포를 바꿀 때마다 물기를 닦아내고 흠집이나 파인 부분이 없는지 확인하세요. 1000번 사포 작업이 끝나면 흠집이 없는지 잘 확인합니다.

30

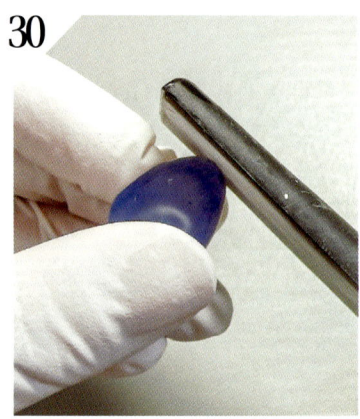

고리를 달아줍니다. 달아줄 부분을 금속 줄로 평평하게 만들어주세요.

31

떡지우개를 이용해서 세워서 고정하고, 평평하게 만든 부분에 접착용 투명 레진 액을 발라줍니다.

32

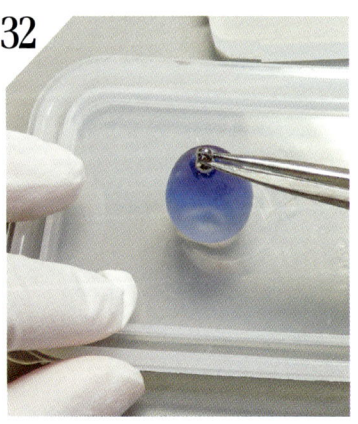

고리를 얹어주세요.

33

핸디 타입 UV 라이트로 임시로 고정합니다. 고리가 움직이지 않을 정도가 되면, 완전 고정을 위해서 2분 동안 쬐어주세요.

34

그 뒤에 고리 위에 구멍이 막히지 않도록 조심하면서 액상 레진을 추가합니다. UV 라이트를 2분 정도 쬐어서 굳혀줍니다.

35

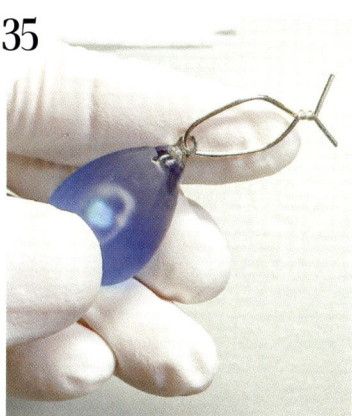

굳으면 고리에 철사를 걸어주세요.

36

고리 경계 부분까지 코팅액에 담그고, 바로 꺼내고 매달아서 말려줍니다. 먼지가 묻지 않도록 플라스틱 컵 등을 씌워주세요.

37

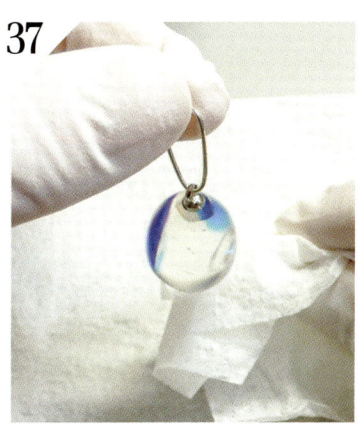

밑면에 코팅 액이 고이니까, 티슈 끝 등으로 알은 건드리지 않게 조심하면서 닦아주세요.

38

하루 정도 지나서 다 마른 뒤에 철사를 잘라주면 완성.

39

액세서리 파츠를 달아주면 목걸이나 귀걸이로 어레인지할 수 있습니다.

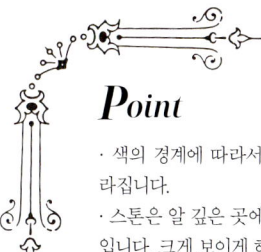

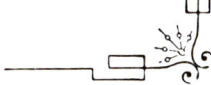

Point

· 색의 경계에 따라서 작품의 인상이 달라집니다.
· 스톤은 알 깊은 곳에 있을수록 크게 보입니다. 크게 보이게 해주고 싶으면 깊게, 작게 보이고 싶으면 얕게 배치해주세요.

Celestia Light
셀레스티아 라이트

Oriens

정령을 찾을 수 있는 마도구.
광석에 깃든 정령의 힘을 빌리면 마법도 사용할 수 있다.

제작법 P81-86

Celestia Light
셀레스티아 라이트

재료	
· 액상 에폭시 레진	· 장식 파츠(원형, 지름 1.5cm 이하)×1
· 조색제	· 왕관 파츠(지름 1.5cm)×1
· 홀로그램	· 골드 링(사이즈 프리)×1
· 홀로그램 오로라 비즈(5mm)×3	· 연결용 고리×1
· 홀로그램 오로라 비즈(8mm)×1	· 액상 UV 레진
· LED 손전등×1	· O링×1
· 작은 유리병(지름 1.5cm)×1	· 가방용 참 체인(완성품 18cm)×1
· 고딕 메탈 파츠×1	

도구	
· 니트릴 장갑	· 중성세제
· 방호용 마스크	· 클리어 스프레이(UV 차단, 유광)
· 종이컵	· 마스킹 테이프
· 전자 저울	· 아트나이프
· 엠보스 히터	· 프라이머 스프레이
· 실리콘 컵	· 금색 스프레이
· 이쑤시개	· 금속 줄
· 실리콘 몰드[고딕 스타일(대중소),	· 접착제(에폭시 계열)
육각 기둥, 주얼 모양, 링 모양]	· UV 라이트
· 이형제	
· 붓	
· 대나무 꼬치	

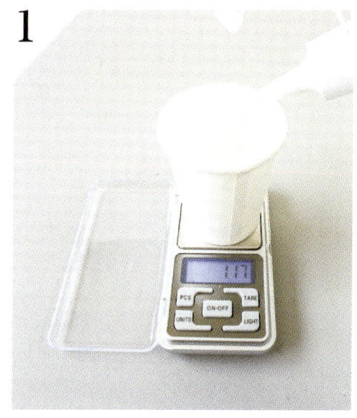

1
액상 에폭시 레진 주제와 경화제를 종이컵에, 합계 12g을 넣어줍니다. 1분 정도 섞어주고 위쪽에서 엠보스 히터를 이용해서 기포를 제거합니다.

2
1의 액상을 반씩 실리콘 컵에 따르고 한쪽은 투명한 채로, 나머지는 조색제를 넣어서 파란색으로 물들여주세요.

3
기포가 생기면 엠보스 히터를 이용해서 제거합니다.

4
링 모양 틀과 고딕 스타일 실리콘 몰드에 이형제를 발라주세요.

5

육각 기둥 레진을 만듭니다. 2의 투명 액상 레진을 대나무 꼬치로 떠서 몰드 끝부분에서 1cm 정도까지, 기포가 생기지 않게 한 방울씩 넣어줍니다. 기포가 생기면 빼주세요.

6

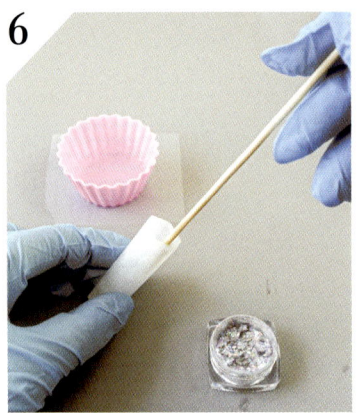

같은 방법으로 투명 액상 레진을 계속 넣어주고, 몰드의 중간 정도까지 차면 홀로그램을 조금 넣고서 대나무 꼬치로 섞어줍니다.

7

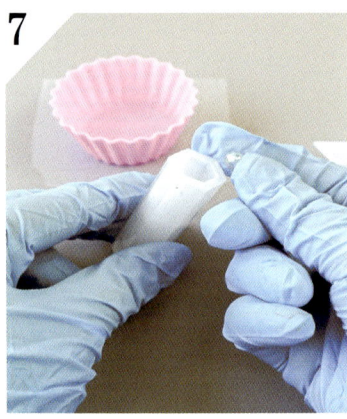

투명 액상 레진을 더 추가해서 60%까지 차면 오로라 홀로그램 비즈를, 밸런스를 맞춰가면서 넣어주세요.

8

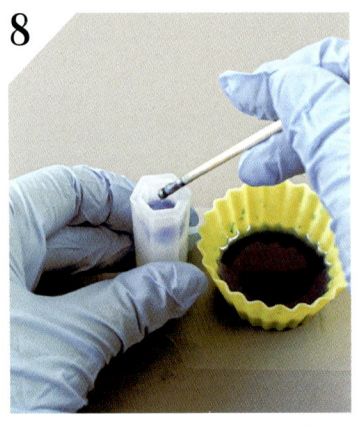

투명 액상 레진을 추가해서 80%까지 채웁니다. 이어서 2의 파란 액상 레진을 90%까지 넣어주세요.

9

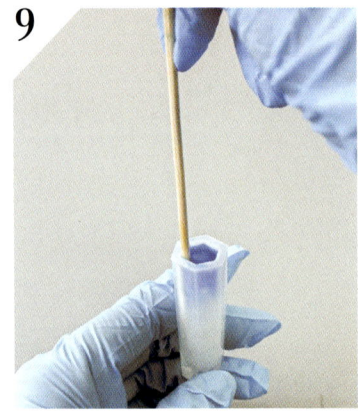

대나무 꼬치를 몰드에 수직 방향이 되도록 세워서 잡고, 자연스런 그러데이션이 나오게 천천히 섞어줍니다. 위쪽 절반 정도가 파란색이 되면 밸런스가 좋습니다.

10

꼬치를 빼고, 몰드 끝까지 파란색 액상 레진을 채웁니다. 먼지가 앉지 않도록 커버를 씌우고 24~48시간 정도(실내 온도나 습도에 따라 다릅니다) 굳혀줍니다.

11

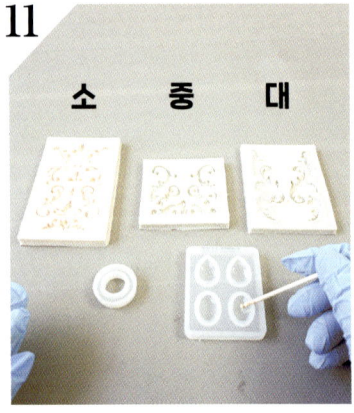

고딕 스타일(대) (중)은 중심 부분에, 고딕 스타일(소)는 아래쪽에, 주얼 모양은 90%까지, 링 모양은 50%까지 투명 액상 레진을 이쑤시개로 넣어줍니다.

12

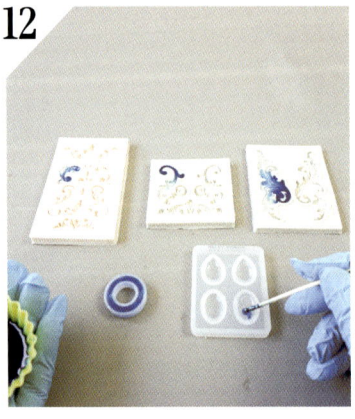

그러데이션이 생기도록 조금씩, 파란색 액상 레진을 넣어주세요. 링 모양만 2층이 되도록 만듭니다.

13

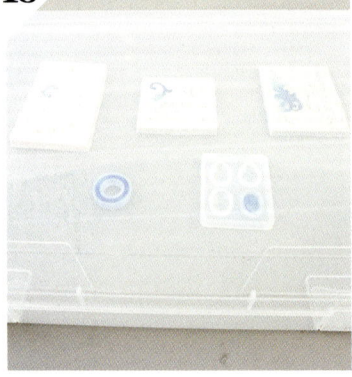

먼지가 묻지 않게 케이스 등에 넣어서 24~48시간 정도(실내 온도나 습도에 따라 다릅니다) 굳혀주세요.

14

완전히 굳으면 몰드에서 꺼냅니다. 이형제를 바른 부품은 중성세제로 잘 닦아주세요.

15

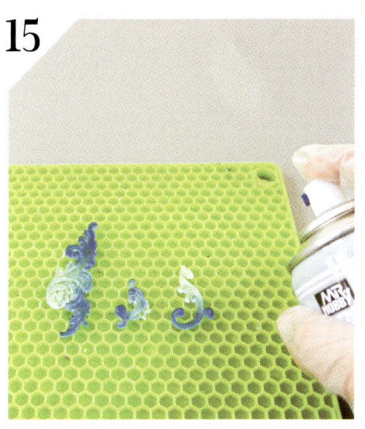

고딕 스타일(대) (중) (소) 부품에 클리어 스프레이(UV 차단, 유광)를 뿌리고 1시간 정도 방치하세요.

16

스프레이 착색을 준비합니다. LED 손전등에서 키 홀더 부분을 제거합니다.

17

안의 배터리를 빼주세요.

18

배터리 수납부 뚜껑을 닫는데, 꽉 닫지는 말고 살짝 풀어주세요. 이렇게 하면 빈틈없이 칠해집니다.

19

라이트 부분이 칠해지지 않게 마스킹 테이프를 발라주세요. 남는 부분은 아트나이프 등으로 잘라줍니다.

20

여기서부터 **22**까지는 마스크와 장갑을 착용하고, 반드시 환기를 잘 하면서 작업합니다. 마스킹 테이프를 붙인 부분이 아래쪽으로 가도록, 프라이머 스프레이를 전체에 뿌려주고 30분 정도 건조시킵니다.

21

20이 다 마르면 금색 스프레이를 뿌립니다. 너무 두껍게 뿌리면 건조가 늦어지니까, 뭉치지 않도록 얇게 뿌려주는 게 포인트입니다.

22

24시간 이상 방치해서 말립니다.

23

스위치 부분의 고무를 제거합니다.

24

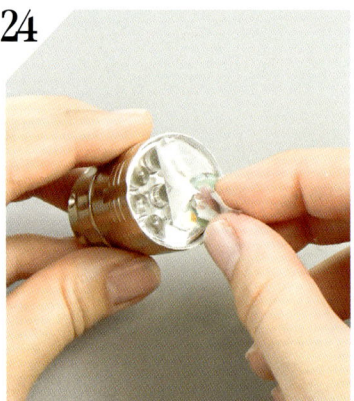

19에서 붙인 마스킹 테이프를 뗍니다.

25

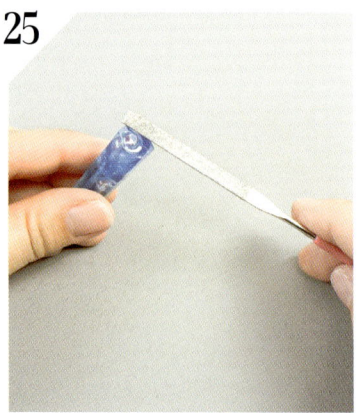

육각 기둥 레진 밑부분을 쇠줄로 평평하게 다듬어주세요.

26

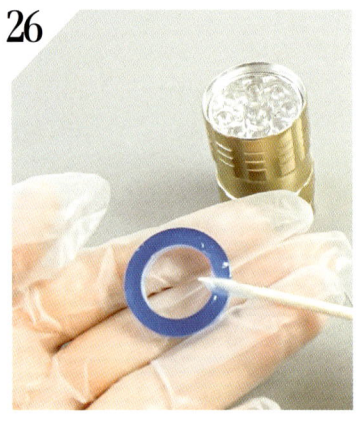

링 모양 레진의 파란 쪽 면에 접착제를 바릅니다.

27

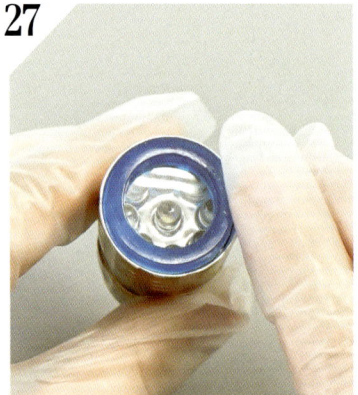

26을 라이트 부분에 접착합니다.

28

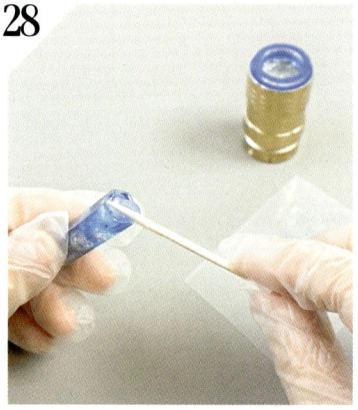

25의 밑면에 접착제를 많이 바릅니다.

29

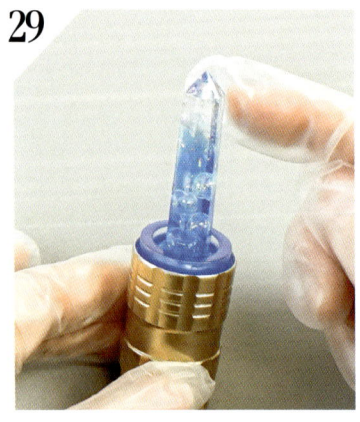

링 모양 레진 중심에 가도록 접착합니다. 기울어지지 않게 주의하세요.

30

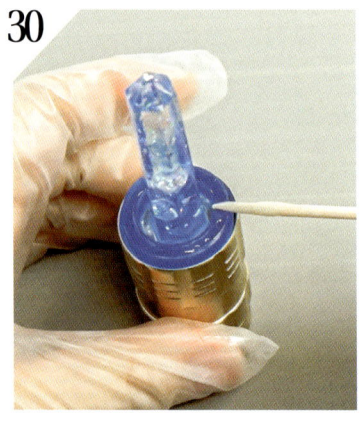

링 모양 레진 윗면에 접착제를 바릅니다. 바깥쪽으로 삐져나오지 않게 조심하세요.

31

30에 작은 병을 씌워서 접착합니다.

32

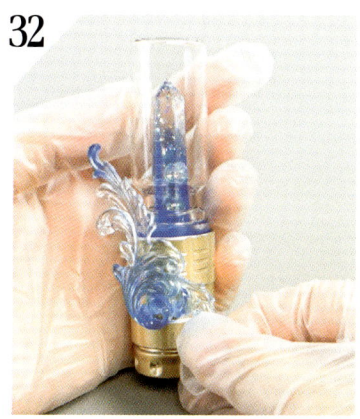

고딕 스타일 레진(대)를 비스듬하게 잡고, 손 전등에 접착합니다.

33

32의 고딕 스타일 레진(대)의 오른쪽 아래 부분에 고딕 스타일 레진(중)을 끼워넣는 형태로 접착합니다.

34

32의 고딕 스타일 레진(대)에 겹쳐지도록 고딕 스타일 레진(소)를, 밸런스 좋은 위치에 접착합니다.

35

고딕 메탈 파츠의 앞면에 접착제를 바릅니다.

36

35에 주얼 모양 레진을 접착합니다.

37

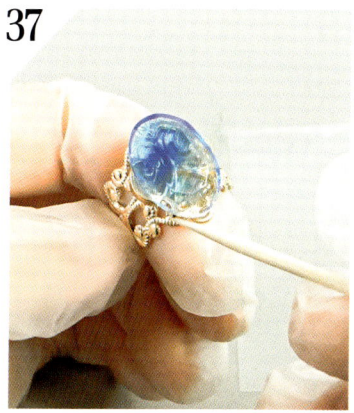

36을 골드 링에 접착하세요.

38

LED 손전등 스위치 부분을 줄로 갈아줍니다.

39

38에 접착제를 바르고 장식 부품(원형)을 접착합니다.

40

라이트 위쪽(작은 병 바닥)에 왕관 파츠를 접착하세요.

41

왕관 파츠 중심에 고리 부품을 접착합니다.

42

왕관 파츠와 고리 부품 사이를 메우는 느낌으로 액상 UV 레진을 넣어주고, UV 라이트를 쬐어서 굳혀줍니다. 이렇게 하면 예쁘게 처리됩니다.

43

O링으로 참 체인을 연결합니다. 배터리를 다시 넣고, **37**의 링을 세팅합니다.

Point

참 체인을 손목에 걸고 라이트를 켜면 손전등이 됩니다. 체인을 링에 연결하고 장비하면 보다 마법 아이템 같은 느낌을 즐길 수 있습니다.

※사진 오른쪽의 「크레센트 블루 완드」는 완성 작품만 게재했습니다.

(사진 왼쪽부터)

Rusalka Wand
루살카 완드
Latimeria Wand
라티메리아 완드

Oriens

물 속성의 힘이 담긴 마법 지팡이.
선택받은 자만이 사용할 수 있다.

제작법 P89-92

Rusalka Wand
루살카 완드

재료	・액상 에폭시 레진 ・조색제(파랑) ・장식 파츠×1 ・캡 달린 비즈×1 ・북마크 파츠 ・달과 별 파츠×1 ・장식 파츠(긴 것)×1 ・3줄 라인 디자인 파츠×1 ・달 파츠(대)×1	・별 유리 스톤×1 ・스와로브스키(오로라 홀로그램 8mm)×1 ・스와로브스키(물방울 모양)×1 ・스와로브스키(주판알 모양)×1 ・비즈캡×2 ・체인(4cm, 5cm, 3.5cm, 6cm)×각 1 ・O링(3mm)×5 ・펜던트 연결용 고리×1 ・T핀×1

※스와로브스키 대신 라인 스톤을 사용해도 좋습니다.

도구	・니트릴 장갑 ・방호용 마스크 ・종이컵 ・전자 저울 ・엠보스 히터 ・실리콘 컵 ・실리콘 몰드 (고딕 스타일, 물방울 모양) ・붓 ・이형제 ・대나무 꼬치 ・중성세제 ・클리어 스프레이 (UV 차단, 유광) ・접착제(에폭시 계열) ・니퍼

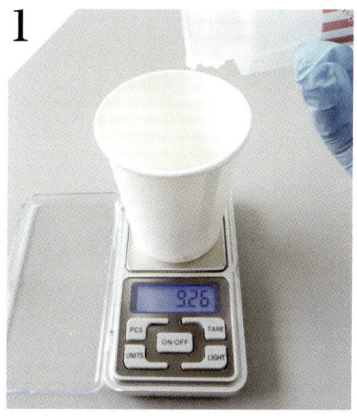

1 액상 에폭시 레진 주제와 경화제를 합계 12g 준비합니다. 1분 정도 잘 섞고, 엠보스 히터로 덮혀서 기포를 제기합니다.

2 액상 레진을 반씩 나눠서 실리콘 컵에 따라 줍니다.

3 한쪽에 파란색 조색제로 색을 입혀줍니다.

4 잘 섞은 뒤에 엠보스 히터로 기포를 제거해 주세요.

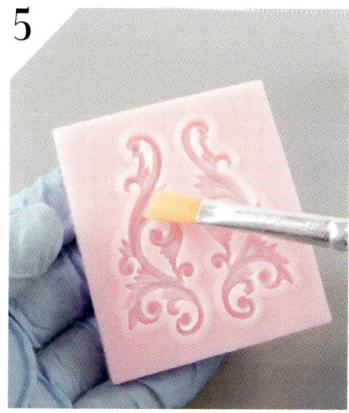

5 고딕 스타일 실리콘 몰드에 이형제를 발라줍니다. 세세한 문양 몰드일 경우에는, 이형제를 발라두면 굳은 뒤에 레진을 꺼내기 쉬워집니다.

6

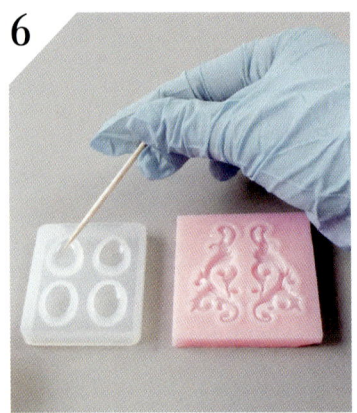

색을 입히지 않은 투명한 액상 레진을 떠서 물방울 모양, 고딕 스타일 몰드에 넣어줍니다. 기포가 생기지 않도록 빠르게 작업하는 게 요령입니다.

7

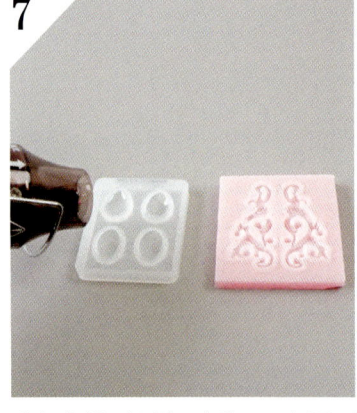

액상 레진을 다 넣었으면 엠보스 히터를 이용해서 기포를 없애줍니다. 물방울 모양은 6시간 정도 놔둔 뒤에 액상을 추가해주면 깔끔한 2층 구조가 됩니다.

8

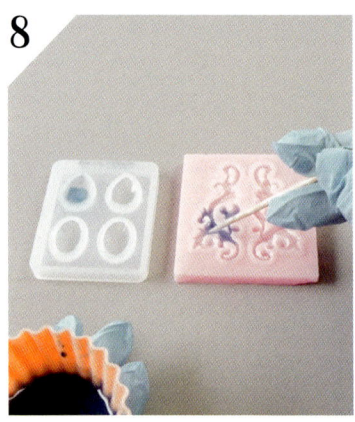

7에 **4**의 파란색 액상 레진을 꼬치를 이용해 조금씩 추가해서 그러데이션을 만들어주세요. 구석부터 조금씩 넣는 게 포인트입니다. 이 때도 기포가 생기면 잊지 말고 없애주세요.

9

먼지 방지용 커버를 씌우고 24~48시간 정도(실내 온도와 습도에 따라 달라집니다) 놔둬서 굳혀줍니다.

10

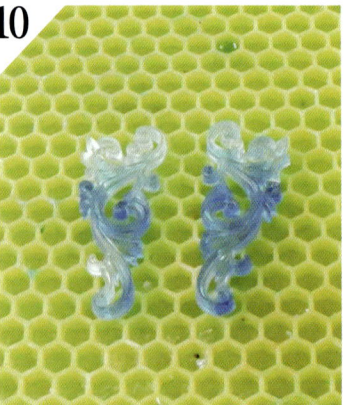

다 굳으면 몰드에서 꺼내줍니다. 고딕 스타일 레진은 중성세제로 씻어서 이형제를 제거하고, 클리어 스프레이(UV 차단, 유광)을 뿌려서 한 시간 정도 방치합니다.

11

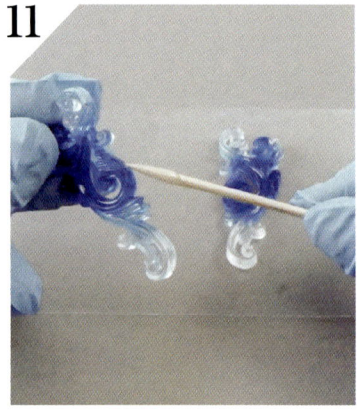

레진 부품을 접착해서 조립합니다. 접착제를 고딕 스타일 레진의 안쪽이 되는 부분에 바릅니다.

12

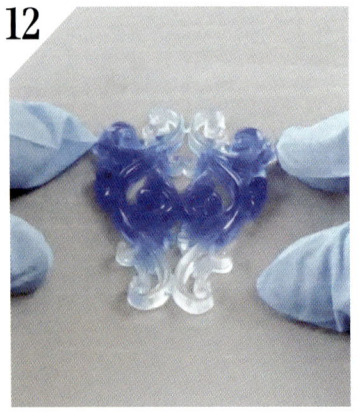

두 개를 붙여줍니다.

13

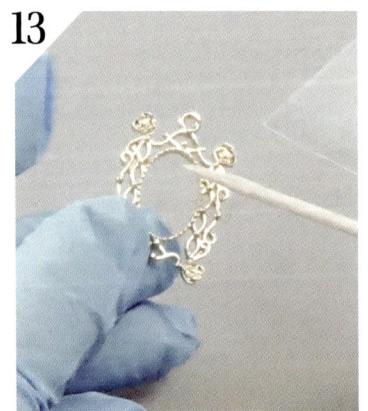

장식 파츠에 접착제를 바릅니다.

14

다 굳은 물방울 모양 레진을 몰드에서 꺼내고 장식 파츠에 접착합니다.

15

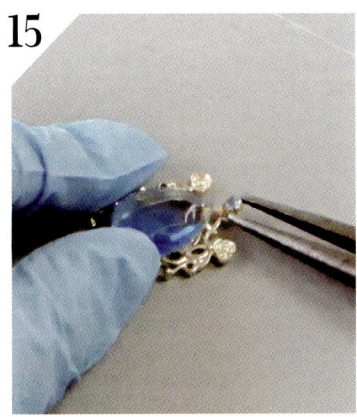

14에 캡 달린 비즈를 접착합니다.

16

12와 15를 접착합니다.

17

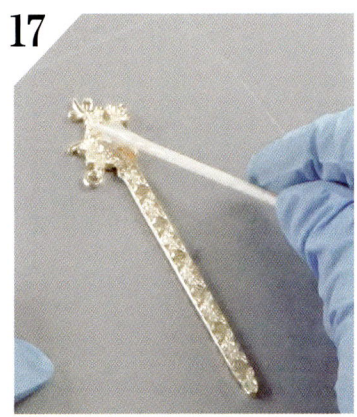

북마크 파츠 위쪽에 접착제를 발라주세요.
고리가 봤을 때 왼쪽으로 가게 해줍니다.

18

16과 17을 접착하세요.

19

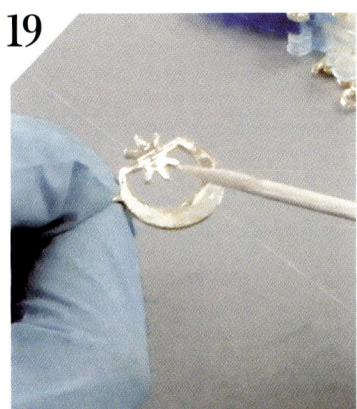

달과 별 파츠에 접착제를 발라주세요.

20

18과 19를 접착합니다. 굳기 전에 이쑤시
개로 위치를 살살 조정해주세요.

21

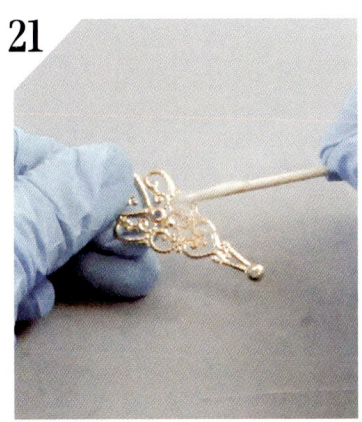

장식 파츠(긴 것) 앞면 아래쪽에 집착제를 바
릅니다.

22

20의 뒷면 위쪽에 접착합니다.

23

별 유리 스톤과 스와로브스키를 각각 비즈
캡에 접착합니다.

24

유리 스톤을 **22**의 장식 파츠 앞면 위쪽에, 스와로브스키를 달과 별 파츠 아래에 접착합니다.

25

달과 별 파츠의 고리와 북마크 파츠의 고리를 2개의 체인(4cm, 5cm)으로 연결해서 늘어트립니다.

26

3줄 라인 파츠의 고리를 니퍼로 잘라냅니다. 날카로운 부분은 줄로 살짝 다듬어주세요.

27

26을 **25**의 뒷면에 접착합니다.

28

북마크 파츠의 고리에 O링으로 2개의 체인(3.5cm, 6cm)을 연결합니다. 체인을 아래로 늘어트린 상태.

29

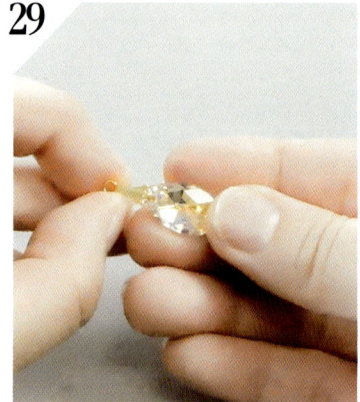

스와로브스키(물방울 모양)에 연결 고리를 달아줍니다.

30

스와로브스키(주판알 모양)에 T핀을 끼우고, 7mm 정도 남기고 니퍼로 자른 뒤에 달 파츠(대)에 달아줍니다.

31

체인(3.5cm)에 **29**를, 체인(6cm)에 **30**을 O링으로 연결해서 완성.

Latimeria Wand
라티메리아 완드

재료	
· 액상 에폭시 레진	· 달 파츠(대)×1
· 조색제	· 비즈캡×1
· 장식 파츠×2	· 스와로브스키(8mm)×1
· 장식 파츠(둥근 것)×1	· 스와로브스키(물방울 모양)×1
· 장식 파츠(긴 것)×1	· 스와로브스키(주판알 모양)×1
· 장식 파츠(초승달)×1	· 체인(4cm, 5cm, 3.5cm, 6cm)×각 1
· 북마크 파츠×1	· O링(3mm)×5
· 5줄 디자인 파츠×1	· 펜던트 연결용 고리×1
· 원형 파츠	· T핀×1

※스와로브스키 대신 라인 스톤을 사용해도 좋습니다.

도구	
· 니트릴 장갑	· 대나무 꼬치
· 방호용 마스크	· 중성세제
· 종이컵	· 클리어 스프레이(UV 차단, 유광)
· 전자 저울	· 접착제(에폭시 계열)
· 엠보스 히터	· 이쑤시개
· 실리콘 컵	· 니퍼
· 실리콘 몰드	· 롱노즈 플라이어
[고딕 스타일(대·소), 물방울 모양,	
날개 모양, 달 모양]	
· 이형제	
· 붓	

1

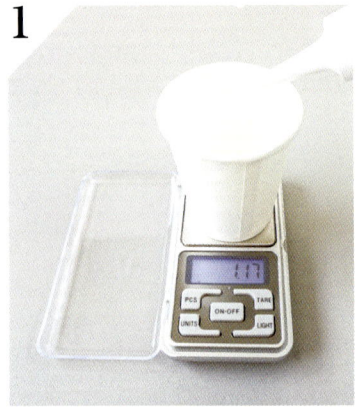

액상 에폭시 레진 주제와 경화제를 종이컵에, 합계 12g을 넣어줍니다. 1분 정도 섞어주고 위쪽에서 엠보스 히터를 이용해서 기포를 제거합니다.

2

1의 액상을 반씩 실리콘 컵에 따르고 한쪽은 투명한 채로, 나머지는 조색제를 넣어서 파란색으로 물들여주세요.

3

기포가 생기면 엠보스 히터를 이용해서 제거합니다.

4

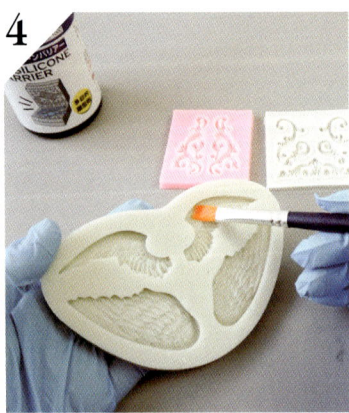

날개 모양과 고딕 스타일 실리콘 몰드에 이형제를 발라줍니다.

5

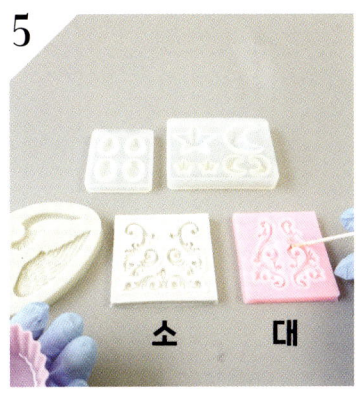

소　　　대

날개 모양에는 양쪽 끝에, 고딕 스타일(대)에 는 위쪽과 아래쪽에, 고딕 스타일(소)에는 아 래쪽의 둥글게 말린 부분에 투명 액상 레진 을 한 방울씩 흘려 넣어줍니다. 물방울 모양 과 달 모양은 90% 정도까지 채워주세요.

6

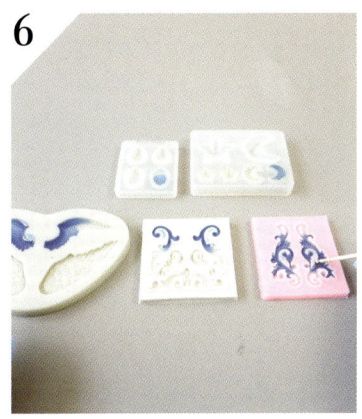

그러데이션이 생기도록 조금씩, 파란색 액상 레진을 넣어줍니다. 달 모양만 2층이 되게 만드세요.

7

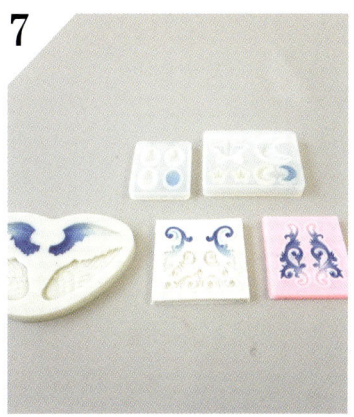

액상 레진 넣기 종료. 기포가 생겼으면 엠보 스 히터나 대나무 꼬치로 없애주세요. 레진이 굳기 시작하니까, 작업을 시작해서 여기까지 30분 이내에 끝나도록, 빨리 진행해주세요.

8

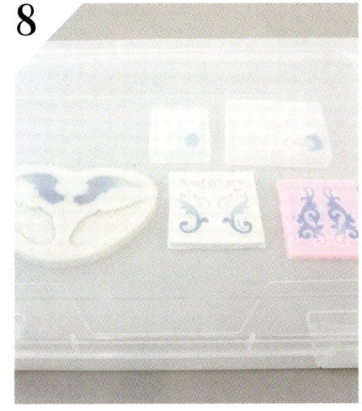

먼지가 묻지 않도록 케이스에 넣어서 24~48 시간 정도(실내 온도나 습도에 따라 다릅니 다) 굳혀줍니다. 몰드가 얇아서 액상 레진이 넘칠 수 있습니다. 이동할 때는 수평 유지.

9

굳으면 몰드에서 꺼내줍니다. 이형제를 발랐 던 것은 중성세제를 이용해서 잘 씻어주세요.

10

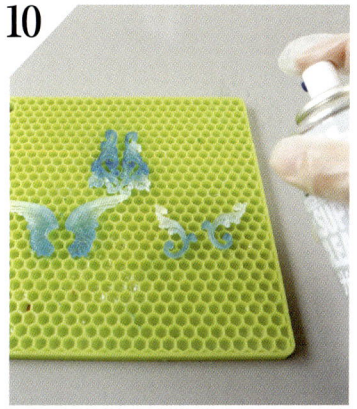

날개 레진, 고딕 스타일(대) (소) 레진에 클리 어 스프레이(UV 차단, 유광)을 뿌리고 1시간 정도 놔둡니다.

11

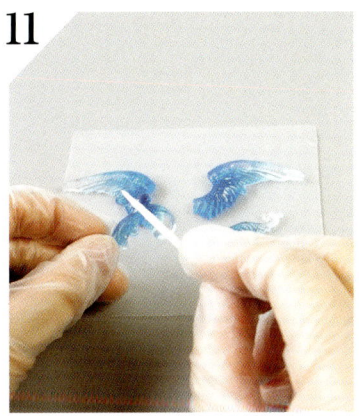

레진 부품을 조립합니다. 고딕 스타일(소) 레 진 위쪽에 접착제를 바릅니다.

12

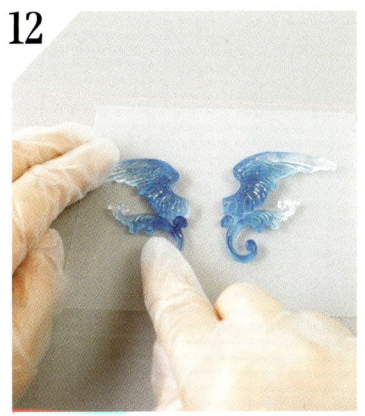

날개 레진과 접착합니다. 반대쪽에도 똑같 이. 좌우 대칭으로 만드는 게 포인트입니다. 여기서 삐뚤어지면 나중에 작품 전체의 밸런 스가 틀어지게 됩니다.

13

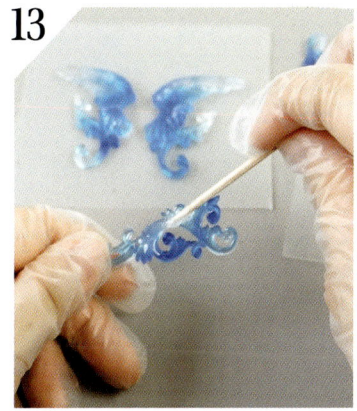

고딕 스타일 레진(대) 뒷면에 접착제를 바릅 니다.

14

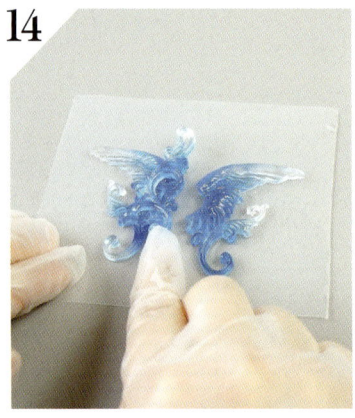

12에 겹쳐지게 접착합니다. 반대쪽도 똑같이 해주세요.

15

장식 파츠 앞뒤 양면에 접착제를 발라주세요.

16

14가 마르기 전에 끼워 넣는 것처럼 15를 접착합니다. 좌우 균형을 신경 써주세요.

17

안쪽 위, 중간, 아래 세 점에 접착제를 조금씩 발라줍니다.

18

좌우 레진 파츠가 대칭이 되도록 접착합니다.

19

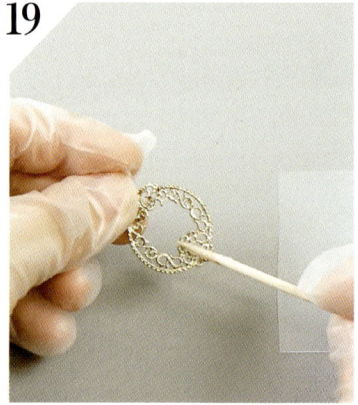

장식 파츠(원형)에 접착제를 발라주세요.

20

물방울 모양 레진을 19에 접착합니다.

21

18과 20을 접착합니다. 이쑤시개로 살살 조절해서 밸런스를 잡아주세요.

22

북마크 파츠 위쪽에 접착제를 약간 많이 발라줍니다. 부품의 고리 부분이 봤을 때 왼쪽에 가도록 해주세요.

23

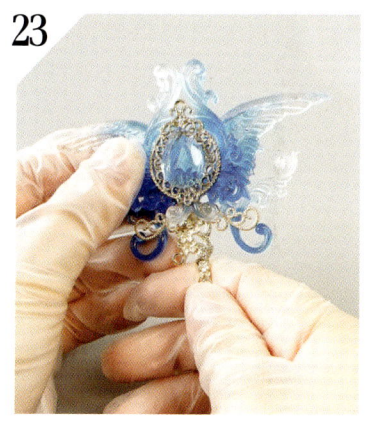

손으로 잡고 잘 접착합니다. 틀어지지 않게 조심하세요.

24

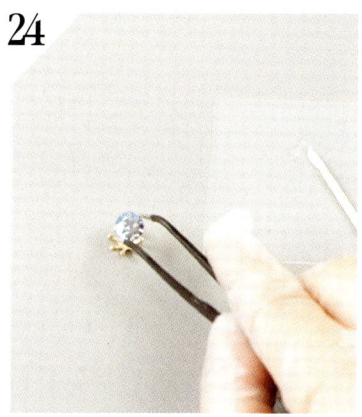

스와로브스키를 비즈캡에 접착합니다.

25

북마크 파츠 위쪽에 접착제를 발라주세요.

26

24와 달 모양 레진을 **25**에 접착합니다.

27

장식 파츠(긴 것) 아래쪽에 접착제를 바르고, 뒷면 위쪽에 접착합니다.

28

25에 원형 파츠를 비스듬하게 접착합니다. 접착제를 두 곳에 발라주세요.

29

원형 파츠를 **28**에 접착합니다.

30

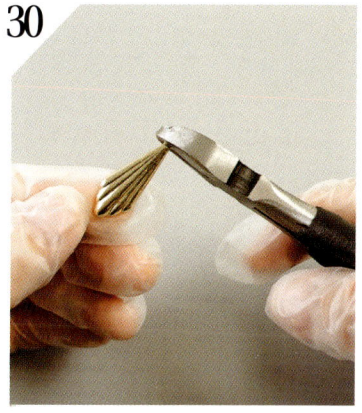

5줄 디자인 파츠의 고리를 니퍼로 잘라주세요.

31

30을 **29**의 뒷면에 접착합니다.

32

장식 파츠(초승달) 앞면 중앙부에 접착제를 많이 발라주세요.

33

32를 31의 5줄 디자인 파츠 아래쪽에 접착합니다.

34

장식 파츠(초승달) 끝부분 좌우 구멍에 O링으로 체인 2개(4cm, 5cm)을 연결합니다.

35

북마크 파츠의 고리에 O링으로 체인 2개 (3.5cm, 6cm)를 연결합니다.

36

스와로브스키(물방울 모양)에 펜던트 연결용 고리를 달아줍니다..

37

스와로브스키(주판알 모양)에 T핀을 꽂고, 7mm 정도 남기고 잘라준 뒤에 달 파츠(대)에 달아줍니다.

38

체인(3.5cm)에 36을, 체인(6cm)에 37을 O링으로 연결해주세요.

Spirit Water
스피릿 워터

Oriens

물의 가호를 받은 마법 액세서리.
힐링 효과가 있어서 상처 입은 몸을 치유한다.

제작법 P100-103

※사진 위쪽의 「마법 콤팩트 초목의 꿈/바다의 극장/별의 인도」는 완성 작품만 게재했습니다.

Spirit Water
스피릿 워터

재료

[육각추 형 레진]
· 액상 에폭시 레진
· 조색제(파랑)
· 오로라 홀로그램 비즈(대)×2
· 오로라 홀로그램 비즈(소)×6
· 장식 파츠(결정)×2
· 장식 파츠(둥근)×1
· 별 파츠×1
· 오망성 파츠×1
· 왕관 파츠×1
· 브라이트 스타 파츠×1
· 반원 파츠×1
· 다이아몬드 모양 유리 돔

· 디자인 링×1
· 웨이브 링×1
· 연결 고리×1

[목걸이]
· 펜던트 연결 고리×5
· O링(5mm)×7
· 디자인 O링(소×5, 중×2, 대×4)
· O링(3mm)×2
· 디자인 링×2
· 스와로브스키(펜타곤)×2
· 스틱 파츠×2
· 목걸이 체인(완성품 50cm)×1

※스와로브스키 대신 라인 스톤을 사용해도 좋습니다.

도구

· 니트릴 장갑
· 방호용 마스크
· 종이컵
· 전자 저울
· 엠보스 히터
· 팔레트
· 작은 병(구경 15mm)
· 실리콘 몰드
(육각추 모양, 크기 약 38×24
×24mm)

· 마스킹 테이프
· 대나무 꼬치
· 플라스틱 컵
· 컴파운드(거친 것, 고운 것,
마무리용)
· 중성세제
· 니퍼
· 줄
· 접착제(에폭시 계열)

Memo

굳은 육각추형 레진은 컴파운드라고 하는 「연마제」로 연마해주면 아름답게 마무리할 수 있습니다. 컴파운드는 프라모델의 도색할 면에 사용하는 경우가 많지만, 레진 작품에서도 광택을 낼 수 있어서 추천하는 도구입니다.

타미야 컴파운드(거친, 고운, 마무리용)/ 타미야

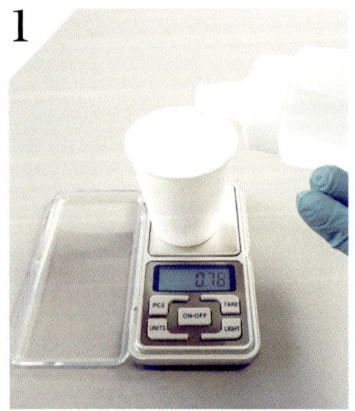

1 액상 에폭시 레진 주제와 경화제를 합계 12g 준비합니다. 1분 정도 잘 섞고, 엠보스 히터로 덥혀서 기포를 제거합니다.

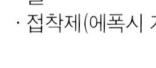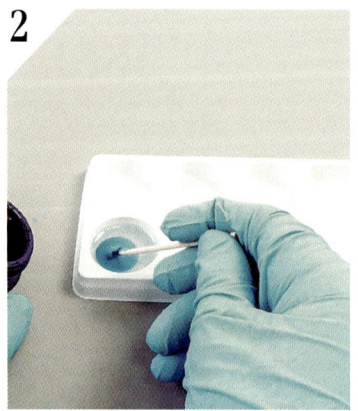

2 1의 액상을 8:2 비율로 나누고, 20% 쪽은 팔레트로 옮긴 뒤에 파란색 조색제로 색을 입힙니다. 여기서도 기포가 생길 수 있으니까, 엠보스 히터로 기포를 제거해주세요.

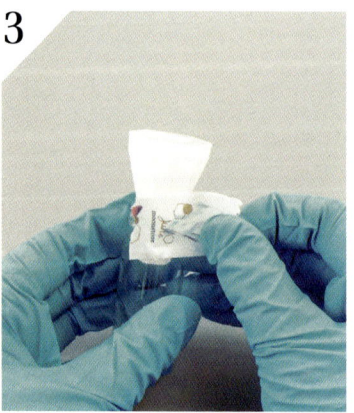

3 작은 병 주둥이에 실리콘 몰드를 놓고 마스킹 테이프로 임시 고정합니다. 한 바퀴를 빙 돌리지 말고 중간에 일부를 열어두면, 몰드 안쪽을 볼 수 있어서 작업하기 편합니다.

4

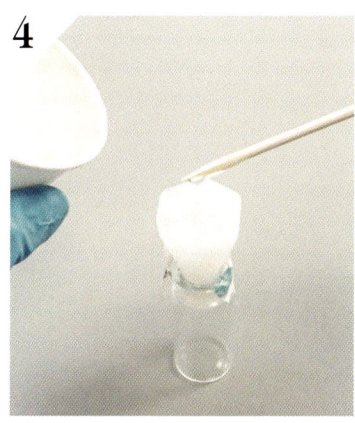

2에서 나눈 투명 액상 레진을 대나무 꼬치로 떠서, 몰드 끝에서부터 1cm 정도 찰 때까지 한 방울씩 넣어줍니다. 기포가 생기면 꼬치로 빼주세요.

5

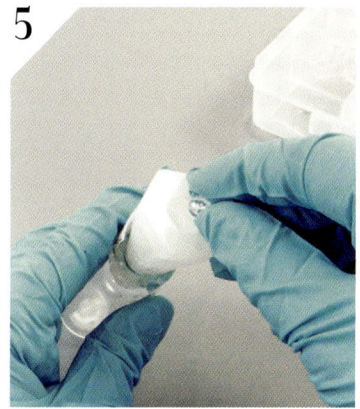

4에 오로라 홀로그램 비즈를 균형 있게 넣어줍니다. 몰드의 80%까지 레진과 비즈를 겹치면서 3층으로 만들고 싶기에, 4~5 순서로 두 번을 더 해줍니다.

6

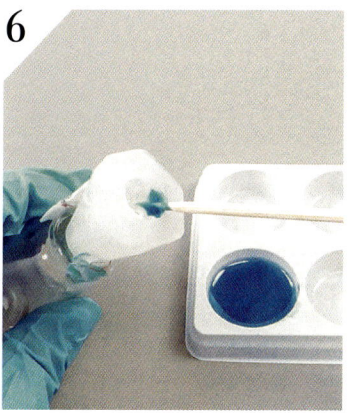

2의 파란색 액상 레진을 몰드 구멍 부분까지 넣어줍니다. 몰드 구석에 기포가 생기기 쉬우니까, 대나무 꼬치를 안쪽까지 넣어서 기포를 빼주고 레진이 골고루 들어가게 해주세요.

7

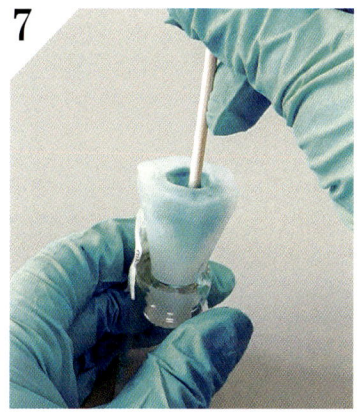

꼬치를 몰드에 수직 방향이 되도록 세워서 꽂고, 천천히 저어서 자연스런 그러데이션을 만들어줍니다. 위쪽 절반 정도가 파란색이 되면 밸런스가 좋습니다.

8

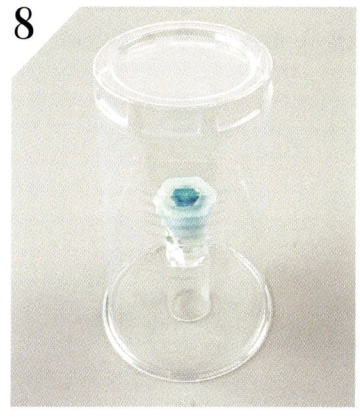

꼬치를 빼고, 몰드 끝까지 파란색 액상 레진을 넣어줍니다. 먼지를 막기 위해 커버를 씌우고, 24~48시간 정도(실내 온도나 습도에 따라 다릅니다) 굳혀줍니다.

9

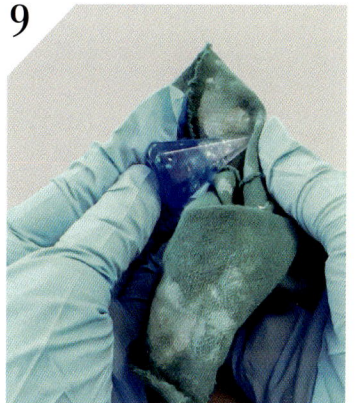

몰드에서 꺼낸 레진을 컴파운드로 연마합니다(거친→고운→마무리용 순서로). 마지막에 중성세제로 닦아주세요.

10

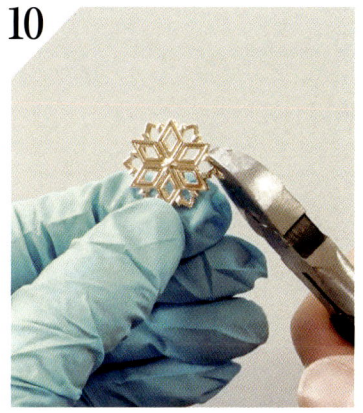

장식 파츠(결정×2)와 별 파츠의 고리 부분을 니퍼로 잘라내고 줄로 다듬어줍니다.

11

레진	웨이브 링	디자인 링	결정	오망성	원	결정	별	왕관	다이아모양

사진에 있는 **순서대로**, **9**의 레진에 접착제를 이용해서 **파츠를 접착해주세요**.

12

파츠를 접착할 때는 접착제를 많이 사용하는 게 좋습니다.

13

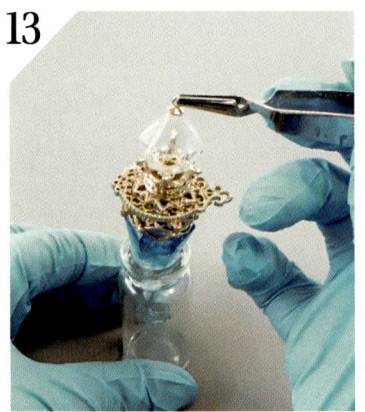

파츠를 전부 접착했으면, 다이아몬드 모양 유리 돔 위에 연결 고리를 접착합니다. 이 때, 고리 구멍이 정면에서 보이도록 합니다.

14

장식 파츠(둥근)에 브라이트 스타 파츠를 달아줍니다.

15

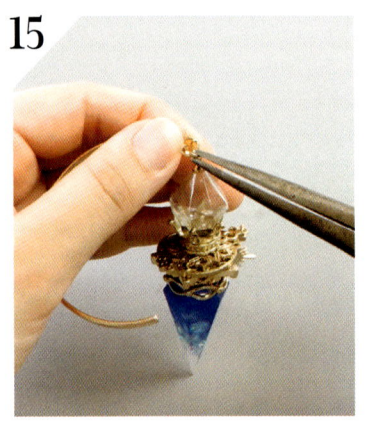

연결 고리에 O링을 끼워서 반원 파츠를 달아줍니다.

16

펜듈럼 완성.

17

목걸이 부분을 만듭니다. 반원 파츠의 O링에 펜던트 연결용 고리를 달고, 거기에 O링을 달아줍니다.

18

디자인 O링(소)를 달아줍니다.

19

디자인 링을 달아줍니다.

20

디자인 O링(소)를 달아줍니다.

21

디자인 O링(대), (중)을 달아주세요.

22

O링을 달아주세요.

23

양쪽 끝에 펜던트 연결 고리와 연결한 스와
로브스키를 달아줍니다.

24

23의 펜던트 연결 고리 사이에 디자인 O링
(대)을 끼웁니다.

25

비어 있는 펜던트 연결용 고리에 O링을 달
고, 스틱 파츠를 달아줍니다.

26

목걸이 체인을 반으로 자르고, O링으로 **25**
의 스틱 파츠와 연결합니다.

27

목걸이 체인 한쪽의 장식이 완성. **26**에서 지
르고 남은 목걸이 체인에도 **18~26**의 장식
을 해주세요.

Point

절반(6g)의 액상 에폭시 레
진으로도 만들 수 있지만,
비율이 조금만 어긋나도
경화가 제대로 안 될 수 있
기 때문에 많이 만드는 쪽
을 권합니다.

Butterfly Dream
호랑나비의 꿈

AliceCode

파란 세상에서 살아가는 나비는, 세상에서 벗어나면 거품처럼 사라져버린다. 덧없고 허무한 꿈과도 같이….

덧없는 존재인 파란 세상의 나비를, 마력으로 감싸서 아름다운 모습을 간직한 채 보석으로 만들었다.

제작법 P105-108

Butterfly Dream
호랑나비의 꿈

재료
- 액상 UV 레진(투명, 보라)
- 조색제
- 수정
- 분말 수정
- 파란색 반짝이 파우더
- 펄 파우더
- 축광 파우더
- 블루 이펙트
- 결정 필름
- 나비 씰×1
- 교토 오팔(무지개색, 크러시 S사이즈)
- 연결 고리
- 니스
- 목걸이 체인

도구
- 실리콘 몰드 (달걀 모양, 반으로 쪼개진 타입)
- 이쑤시개
- UV 라이트
- 투명 필름
- 방수 사포(800번, 1000번, 1500번)
- 핀바이스
- 클립
- 붓

Memo

교토 오팔은 일본 쿄세라가 독자적인 기술로 개발한 인공 오팔로, 정취 있는 전통색 이미지로 물들여진 제품입니다.

1

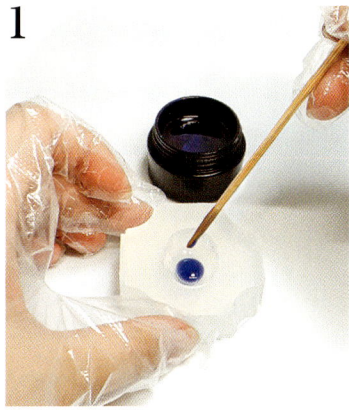

투명 액상 레진을 원하는 조색제로 물들이고, 한쪽 몰드의 3분의 1 정도까지, 이쑤시개 등을 사용해서 넣어주세요.

2

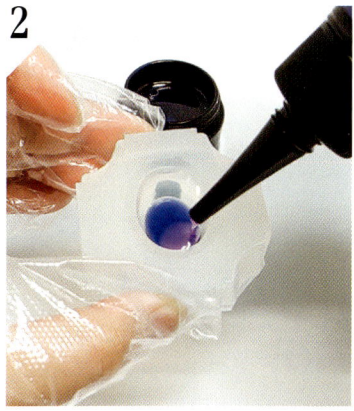

보라색 액상 레진을 추가합니다. 이번에는 세 가지 색의 액상 레진을 사용했습니다. 몰드를 돌려서 전체적으로 퍼지게 해줍니다.

3

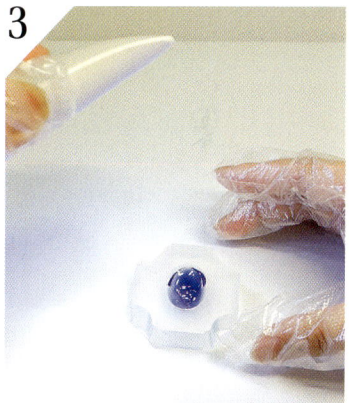

UV 라이트를 40초 정도 쬐어서 굳혀주세요.

4

그 위에 투명 액싱 레진을 추가합니다.

5

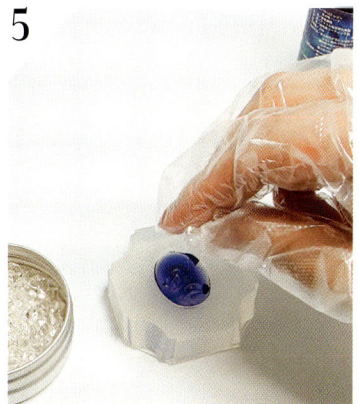

수정을 살짝 떨어트려서 넣어줍니다.

6

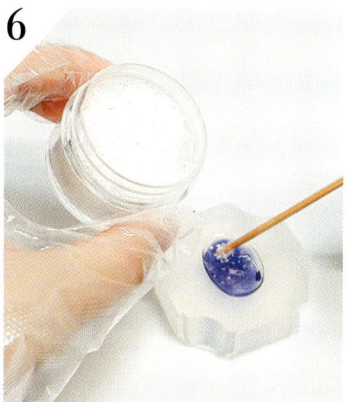

수정 사이에 분말 수정을 채워주세요.

7

파란색 반짝이 파우더를 비스듬한 각도에서 찔러넣는 느낌으로 넣어주세요.

8

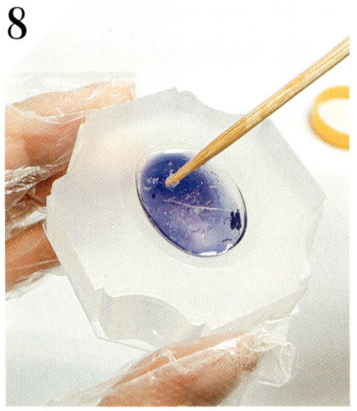

알갱이가 큰 블루 이펙트를 반짝이 파우더 위아래에 찔러넣는 느낌으로 넣어주세요.

9

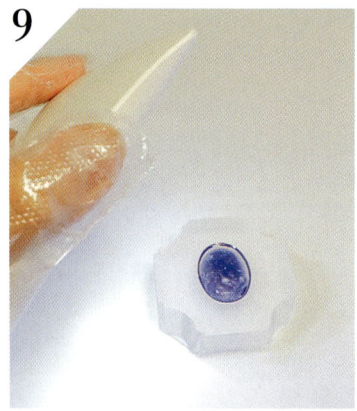

UV 라이트를 40초 정도 쬐어서 굳혀주세요.

10

위에 투명 레진을 얇게 얹어줍니다.

11

펄 파우더를 찌르는 느낌으로 넣어주세요.

12

펄 파우더는 흐르는 물 같은 느낌을 의식해서, 슥, 하고 그려주면 예쁘게 그려집니다.

13

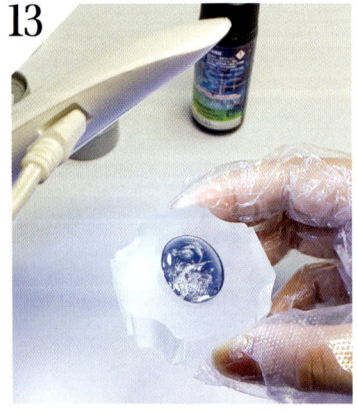

UV 라이트를 40초 정도 쬐어서 굳혀줍니다.

14

위에 투명 레진을 얇게 발라줍니다.

15

결정 필름을 놓고, 투명 액상 레진으로 코팅합니다.

16

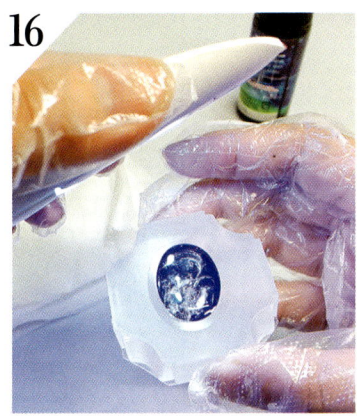

UV 라이트를 40초 정도 쬐어서 굳혀줍니다.

17

반대쪽 몰드에 3분의 1 정도까지 투명 액상 레진을 넣고, 돌리면서 UV 라이트를 40초 정도 쬐어서 굳혀줍니다.

18

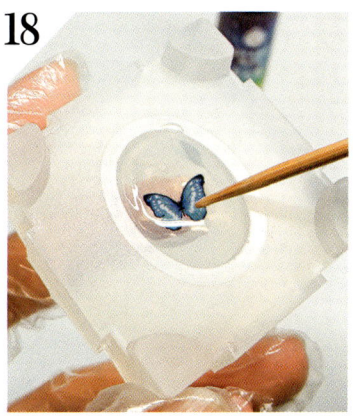

그 위에 투명 액상 레진을 얇게 올리고, 나비 씰 하나를 살짝 넣어줍니다. UV 라이트를 40초 정도 쬐어서 굳혀줍니다.

19

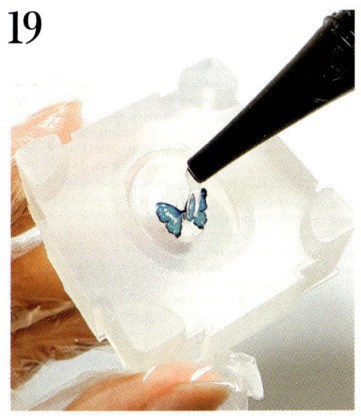

위에 투명 액상 레진을 얇게 올려줍니다.

20

교토 오팔을 찌르는 느낌으로 넣어줍니다. UV 라이트를 40초 정도 쬐어서 굳혀주세요.

21

그 위에 투명 액상 레진을 얇게 올려줍니다.

22

축광 파우더를 나비 날개 가루의 궤적을 그리는 것처럼 넣어줍니다. UV 라이트를 1분 정도 쬐어서 굳혀주면 나머지 반쪽 레진이 완성.

23

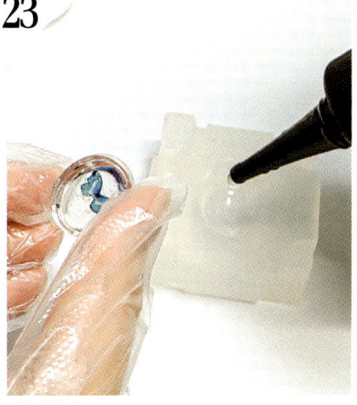

16과 **22**를 일단 몰드에서 **꺼내고**, 양쪽 몰드에 투명 액상 레진을 3분의 1 정도까지 넣어줍니다.

24

23에 각각의 완성된 레진을 다시 넣어줍니다. 공기가 들어가지 않도록 몰드를 꾹 눌러주고, 그러면서 넘친 투명 액상 레진이 양쪽 표면을 완전히 덮게 해주세요.

25

몰드를 합체하고 투명 필름 위에 올려놓습니다.

26

UV 라이트를 3~5분 정도 쬐어서 굳혀줍니다.

27

굳은 레진이 식으면 몰드에서 꺼냅니다. 삐져 나온 부분이 있으면 제거하세요.

28

방수 사포로 연마합니다. 제일 먼저 800 번 정도에 물을 묻혀가면서 접합선 부분을 깔끔하게 연마합니다. 이어서 1000번과 1500번으로 물사포질을 해주세요.

29

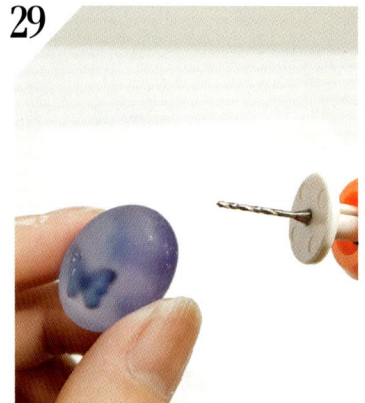

표면이 매끄러워지면 핀바이스나 드릴을 사용해서 연결 고리를 달기 위한 구멍을 뚫어 줍니다.

30

이쑤시개 끝에 투명 액상 레진을 살짝 묻혀서 구멍에 발라주세요.

31

연결 고리 끝에도 투명 액상 레진을 살짝 바르고 구멍에 꽂아줍니다. UV 라이트를 1분 정도 쬐어서 굳혀줍니다.

32

클립 등으로 연결 고리 끝을 잡고, 레진에 먼지나 가루가 묻지는 않았는지 확인한 뒤에 니스에 담가줍니다. 연결 고리까지 잠기지 않게 주의하세요.

33

흘러 떨어지는 니스는 붓 등으로 재빨리 닦아주고, 며칠 동안 말립니다. 다 마른 뒤에 목걸이 체인에 달아서 완성.

Ratziel's Tears
라치엘의 눈물 젤 캔들

@mosphere candles

크리스탈 모양의 신비한 에너지 결정.
마법을 관장하는 대천사 라치엘의 힘이 담겨 있어서,
손에 넣은 자의 내면에 있는 마력을 각성하게 해준다.

제작법 P110-113

Ratziel's Tears
라치엘의 눈물

재료	· Gummy Wax(구미 왁스) 또는 자립형 젤 왁스 · 조색제(캔들 전용) · 리벳 단추 · 캔들 전용 심지(6mm×3mm×2mm)	도구	· 작은 냄비 또는 내열 계량컵 · 인덕션 또는 하이라이트 · 히팅건(열풍기) · 실리콘 몰드 (지름 6cm 구형, 한 변 3.5cm 큐브 모양) · 가위 · 핀셋 · 롱노즈 플라이어 · 스테인리스 핀

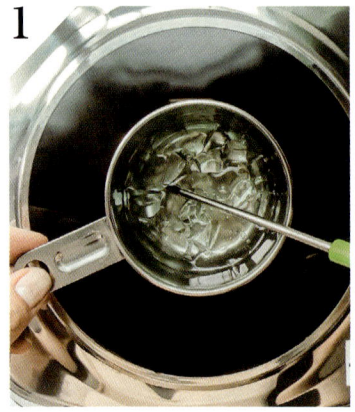

1

왁스 30g을 계량컵에 넣고, 인덕션 또는 하이라이트로 데워서 녹여줍니다. 화력이 너무 강하면 연기가 나니까, 약불과 중불 사이에서 잘 지켜보면서 녹여주세요.

2

1이 녹으면 조색제를 섞어서 아주 옅은 파란색으로 물들여줍니다.

3

2가 140~150도가 되면 히팅건으로 10초정도 데워준 실리콘 몰드에 부어줍니다.

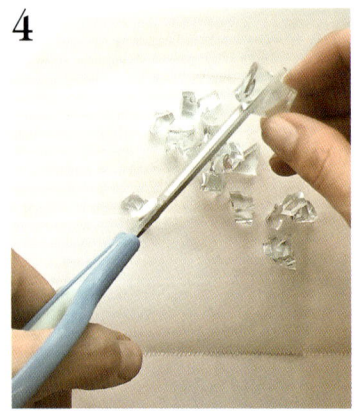

4

약 40분 뒤, 완전히 굳으면 몰드에서 꺼내고, 1/3은 가위로 잘게 잘라줍니다.

5

남은 왁스를 작은 냄비에 넣고, 녹아서 120도가 되면 아주 옅은 핑크색으로 물들여주세요. 히팅건으로 불어서 기포를 없애줍니다.

6

구형 몰드 아래쪽 절반 부분에 4에서 잘게 자른 왁스를 배치합니다.

7

히팅 건으로 몰드 전체를 30초 정도 덥혀줍
니다.

8

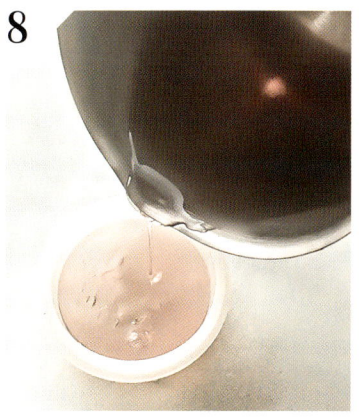

150도 정도로 데운 **5**를 아래쪽 절반에 찰
랑찰랑할 정도로 부어주세요.

9

8에서 쓰고 남은 왁스를 보라색으로 물들입
니다.

10

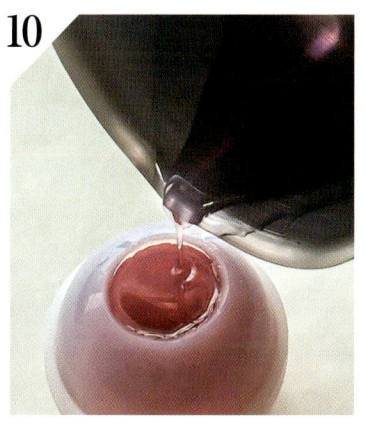

몰드 위쪽 부분을 덮어주고, 히팅 건으로
30~40초 정도 데워준 뒤에 **9**를 몰드에 가
득 찰 정도로 부어줍니다. 그대로 굳을 때까
지 기다리세요.

11

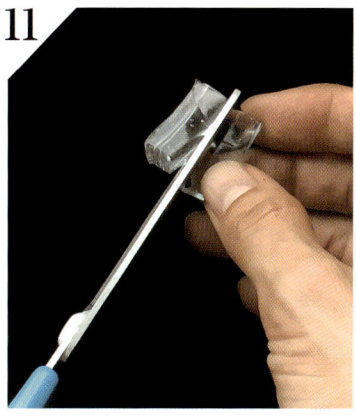

4에서 남은 파란색 왁스를 수정 모양으로
잘라줍니다.

12

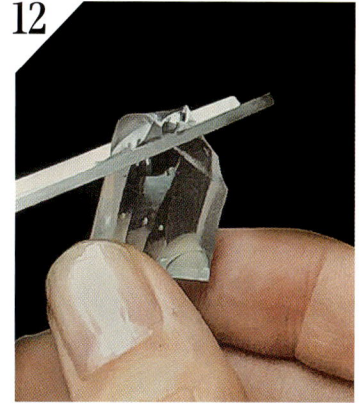

가위로 비스듬한 각 모양으로 잘라줍니다.
너무 힘을 주지 말고 천천히 날을 움직이는
게 포인트. 힘을 주면 탄력 때문에 단면이 일
그러지기 쉽습니다.

13

제일 긴 것이 2.5cm까지, 크고 작은 여러 가
지 모양을 만들어두세요.

14

아주 작은 조각도 만들어주세요.
(왼쪽 : 약 5~7mm, 오른쪽 : 약 2~3mm)

15

10이 굳으면 몰드에서 꺼냅니다.

18

가위로 칼집을 내주세요.

19

정점에서 약간 빗나간 위치에서 중심을 향해, 입을 벌린 것 같은 모양으로 만듭니다.

20

그리고 테두리를 우둘투둘하게 잘라서, 깨진 것 같은 질감을 줍니다.

21

자른 부분에 손가락을 넣어서 더 깊이 벌리는 느낌으로 균열을 만듭니다. 주저하지 않고 힘껏 하는 게 요령이지만, 완전히 찢어지지는 않게 조심하세요.

22

원래 모양으로 되돌리고, 히팅 건으로 표면을 살짝 데워서 매끈하게 만듭니다. 열풍이 손에 직접 닿지 않게 조심하세요.

23

캔들의 받침 부분이 완성.

24

남은 왁스를 조금 녹입니다. 이것을 접착제로 사용합니다. 녹은 왁스를 잘린 곳에 조금 떨어트려줍니다.

25

14 조각을 재빨리 넣어줍니다.

26

24~25를 반복해서, 잘린 곳 안쪽을 전부 채워줍니다. 시간이 지나면 접착하기 힘들어지니까, 속도와의 싸움입니다.

27

13을 핀셋으로 잡고, 뿌리 부분을 접착용 왁스에 담갔다가 재빨리 갈라진 곳에 끼워줍니다. 이것을 반복합니다. 접착용 왁스는 120~130도 정도를 유지하세요.

28

수정 클러스터 느낌으로, 각도와 밸런스를 확인하면서 넣어주세요.

29

마지막으로 수정의 뿌리 부분에 작은 조각을 넣어서 자연스런 느낌을 연출합니다. 원하는 모양이 되면 캔들을 조금 식혀주세요.

30

식히는 동안에 심지를 준비합니다. 접착용 왁스 남은 것을 데우고, 심지를 담가서 거품이 안 나올 때까지 기다립니다. 온도가 너무 높으면 디버리니까 조심하세요.

31

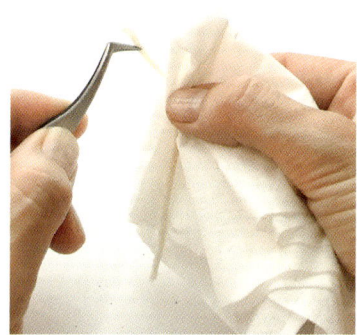

거품이 안 나오게 되면 꺼내고, 티슈 등으로 불필요한 왁스를 닦아냅니다.

32

리벳 단추에 심지를 끼우고, 뿌리 부분을 롱노즈 플라이어로 눌러서 고정합니다.

33

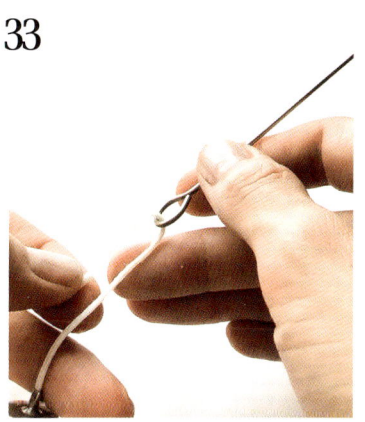

바늘에 실을 끼우는 요령으로, 심지를 스테인리스 핀에 걸어줍니다.

34

밑면 중앙에서 정점을 향해서 찔러줍니다.

35

관통되면 롱노즈 쓸라이어로 집아딩기고, 뒤어나온 심지는 1cm 정도 남기고 잘라버립니다. 마지막에 히팅 건으로 표면을 살짝 데워서 지문 등을 지워주면 완성.

Alchemist's Magic Potion
연금술사의 물약 -Alchiminis-
@mosphere candles

옛 연금술사가 만들어낸 마법의 약.
시간이 지나면서 떨어져 나간 라벨에 적혀 있던 용법, 효능은
지금은 그 누구도 모른다.
불사의 영약이거나, 또는 그냥 술일지도 모른다는 소문이….

제작법 P115-118

Alchemist's Magic Potion
연금술사의 물약

재료
- 유리병
- 내수성 드로잉 잉크 2색(갈색, 보라색)
- 픽사티브(정착제)
- 오일 램프용 컬러 오일(청록색)
- 코르크 마개(병 주둥이 크기에 맞는 것)
- 앤티크 태그
- 파라핀 왁스
- 수정 모양 비즈
- 9핀

- 목걸이 체인(신주 버니쉬) 약 40cm
- 깃털
- 마끈(약 60cm)
- 왁스 코드(1mm, 약 50cm)
- 오일 램프용 홀더 달린 심지(병 크기에 맞게 잘라둔다)
- 어댑터(큰 아일렛. 홀더가 병 구멍보다 작을 때 사용)

도구
- 종이 사포(80번)
- 소독용 알코올
- 화장용 퍼프
- 붓
- 아크릴 물감(흰색)
- 종이 포일
- 다리미

1

유리병에 에이징을 해줍니다. 종이 사포로 감싸고 병을 돌려서 전체에 자잘한 흠집을 내주세요.

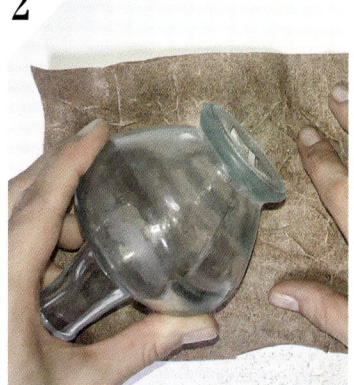

2

튀어나온 부분은 책상 위에 올려놓고 세게 문질러서 상처 입은 느낌을 강조합니다. 다 끝나면 소독용 알코올로 병 전체의 얼룩을 깨끗하게 닦아줍니다.

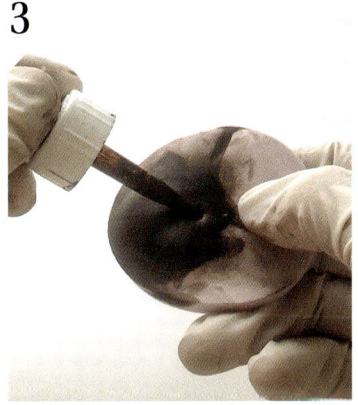

3

화장용 퍼프에 드로잉 잉크(브라운)를 잔뜩 머금게 합니다.

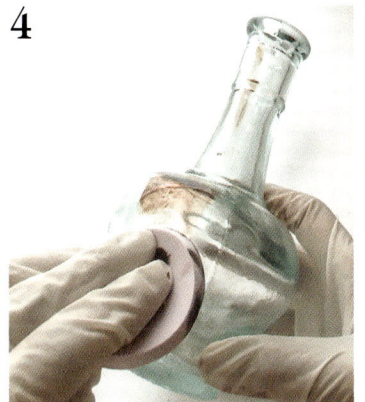

4

위에서 아래로 살살 쓰다듬는 느낌으로 스펀지를 움직여서, 전체가 흐릿해 보이도록 색을 입힙니다.

5

잉크를 붓으로 질해서 널룩을 추가. 흘러내리는 잉크는 스펀지로 빨아들이세요. 더 강한 대미지 느낌을 연출할 때는, 잉크 얼룩 위에 하얀 아크릴 물감을 아주 얇게 덧칠해주세요.

6

드로잉 잉크(보라색)을 아래쪽 부분에 발라주세요. 아래로 갈수록 진하게 해주면 좋습니다. 덧칠할 때는 먼저 칠한 잉크가 마른 뒤에 조심해서 색을 입혀주세요.

7

마지막으로 퍼프에 잉크를 조금 적셔서 살살톡톡 두드려서 색의 경계를 자연스럽게 처리해주세요.

8

착색 완료. 잉크를 잘 말려주세요.

9

잉크가 마르면 환기가 잘 되는 곳에서 병 전체에 픽사티브를 얇고 균일하게 뿌려주세요. 이렇게 해주면 잉크가 벗겨지거나 색이 바래는 것을 막을 수 있습니다.

10

9가 완전히 마르면 컬러 오일을 병에 80% 정도까지, 살살 부어주세요. 오일이 병 바깥쪽으로 넘치지 않게 조심하세요. 그리고 코르크 마개를 꼭 닫아줍니다.

11

태그를 만들겠습니다. 자작 오리지널 디자인을 크래프트지에 프린트해서 사용했습니다. 펀치로 끈을 걸기 위한 구멍을 뚫어주고, 주위를 살짝 찢어서 낡은 느낌을 연출합니다.

12

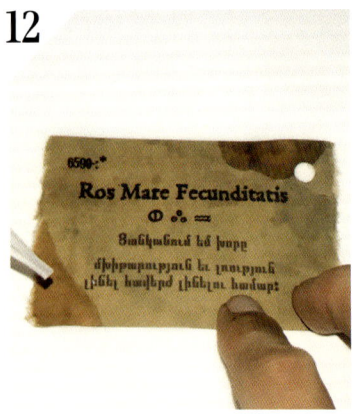

스포이드로 물을 몇 군데에 떨어트려서 얼룩을 만들어줍니다. 젖은 부분은 잘 말려주세요.

13

파라핀 코팅을 합니다. 태그가 충분히 들어가는 커다란 종이 포일 위에 작게 자른 파라핀 왁스 조각을 놓고서, 왁스 조각이 안으로 들어가게 포일을 반으로 접어줍니다.

14

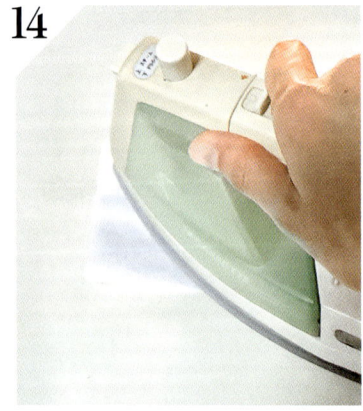

포일을 다리미(중간 온도)로 눌러줘서 왁스를 녹여줍니다.

15

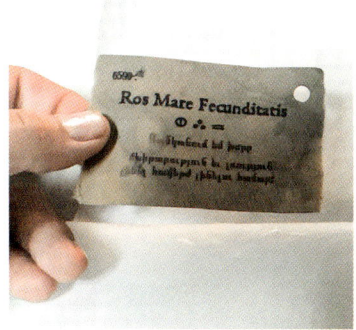

왁스가 녹으면 태그를 포일 사이에 끼워줍니다.

16

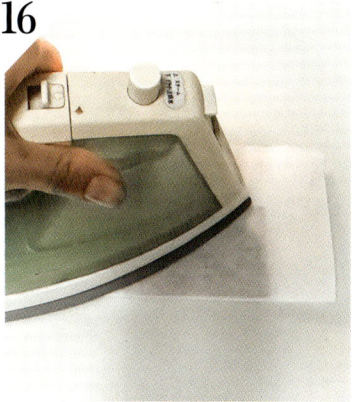

왁스가 태그 전체에 침투하도록, 꾹 눌러줍니다.

17

파라핀 코팅 완료. 태그의 색이 짙어지고 투명한 느낌이 납니다.

18

17을 손으로 구겼다가 펼쳐주세요.

19

원하는 상태가 될 때까지 여러 번 반복합니다.

20

수정 모양 비즈를 9핀을 이용해 체인에 걸어서 목걸이 상태로 만들어주세요.

21

깃털 장식을 만듭니다. 깃털(여기서는 공작 깃털을 2개 겹쳐서 사용)을 색이 선명한 부분 아래 1cm 정도에서 잘라줍니다.

22

밑둥 끝에서 1cm 부분에 왁스 코드를 중간부터, 탄탄하게 감아주세요.

23

일단 꽉 묶어줍니다.

24

코드와 깃털 부분을 팽팽하게 잡아당겨서 모양을 잡아줍니다.

25

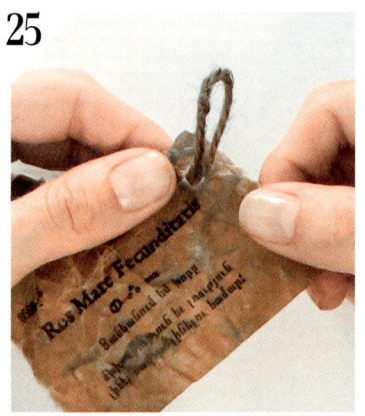

마끈을 반으로 접어서 고리를 만들고, 고리를 앤티크 태그 뒷면에서 앞쪽으로 빼줍니다.

26

반대쪽 끝을 고리에 걸고 살살 당겨줍니다. 태그가 찢어지지 않게 조심하세요.

27

병에 감아줍니다. 마끈 끝을 태그가 달린 끈 아래쪽으로 집어넣어서 사진처럼 가볍게 묶어주고, 끈을 당기면서 모양을 잡아주세요.

28

태그를 단 상태.

29

목걸이를 걸어줍니다. 체인을 병 목에 걸고, 네 줄이 되게 감아주세요.

30

체인을 감은 상태.

31

깃털 장식을 달아줍니다. 왁스코드를 교차시키면서, 헐거워지지 않게 세 번 정도 감아주고, 마지막에 깃털 반대쪽 위치에서 꽉 묶어주면 완성.

32

불을 붙일 때는 병 주둥이에 홀더 달린 심지를 꽂고(홀더 밖으로 나오는 심지 길이는 3~5mm 정도), 오일이 심지를 타고 올라올 때까지 몇 분 정도 기다렸다가 불을 붙입니다.

【램프로 사용할 때 주의사항】안전을 위해, 불꽃이 3cm 이상 올라오지 않도록 하세요. 불꽃이 너무 클 때는 반드시 불을 끄고 램프가 식은 상태에서, 심지를 아래쪽으로 살살 잡아당겨서 짧게 줄여주세요. 불꽃을 크게 만들고 싶을 때는 마찬가지로 불을 끄고 램프가 식은 상태에서 심지를 위로 당겨서 길게 해줍니다. 불을 끌 때는 입으로 바람을 세게 불어서 끕니다. 직사광선이 닿지 않는 서늘한 곳에 보관하세요. 코르크 마개는 완전 밀폐가 아닙니다. 절대로 쓰러지지 않게 하세요.

Healing Drop
치유의 물방울

마녀공방 Bitty

빛나는 치유의 마력을 담고, 나무들의 힘을 빌려 만든 치유의 펜던트.
매끄러운 촉감과 가벼운 착용감 덕분에 여행용 장비로도 적합해서, 마력을 다루는 자들이 자주 지닌다.
몸에 지닌 자가 선호하는 색을 사용해서 만든다.

제작법 P120-122

Healing Drop
치유의 물방울

재료		도구		
· 나무토막		· 니트릴 장갑		(소형 전동 그라인더)
· 액상 에폭시 레진		· 방호용 마스크		· 다이아몬드 디스크(320번)
· 조색제		· 눈 보호용 안경(또는 고글)		· 방수 사포
· 펜던트 연결용 고리		· 클리어 파일		(400번, 800번, 1500번, 3000번,
· 왁스 코드 또는 체인		· 스카치테이프		5000번)
		· 종이컵		· 페이스트 타입 다이아몬드 연마제
		· 전자 저울		· 파라핀 왁스
		· 진공 반찬통		· 천(왁스용)
		· 종이 상자		· 핀바이스
		· 대나무 꼬치		
		· 실톱		
		· 목각칼 또는 전동 조각기		

※다이아몬드 디스크는 전동 조각기나 숫돌로 대체 가능.

1

클리어 파일을 잘라서 나무토막에 감아줍니다. 나무토막은 혼자서 설 수 있는 것이 좋습니다.

2
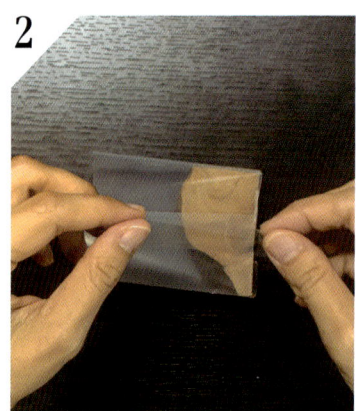
스카치테이프로 빈틈이 없이, 확실하게 고정합니다. 특히 밑면은 액상 레진이 새기 쉬우니까, 여러 번 겹쳐 붙여서 확실하게 막아주세요.

3
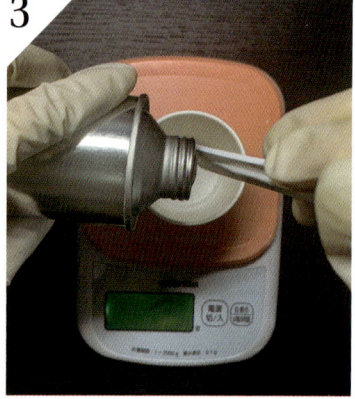
액상 에폭시 레진 주제와 경화제를 전자 저울로 무게를 재면서 종이컵에 따릅니다. 합계 75g이 되게 해주세요. 주제와 경화제를 3분 정도 잘 섞어주세요.

4
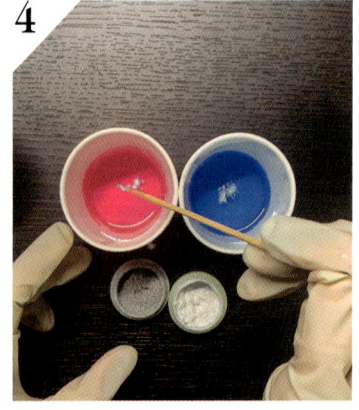
3을 80% 정도 종이컵 두 개에 나누고, 각각 조색제를 섞어서 빨간색 계열과 파란색 계열 액상 레진을 만듭니다. 충분히 섞어주지 않으면 잘 굳지 않으니까 조심하세요.

5
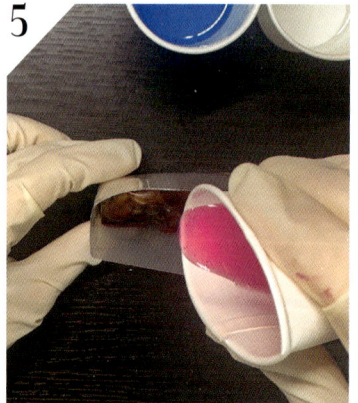
2의 틀에 빨간색 계열 액상 레진을 전부 부어줍니다. 목재의 종류에 따라서는 기포가 나올 수도 있으니까, 진공 반찬통에 넣어서 공기를 빼고 5분 정도 놔둡니다.

6
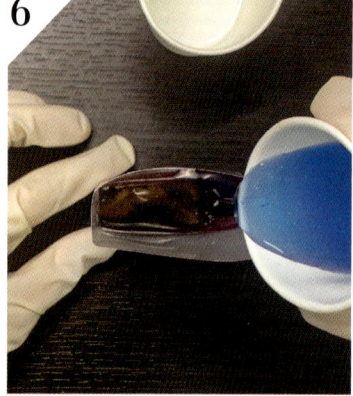
5에 파란색 계열 액상 레진을 전부 부어줍니다. 기포는 대나무 꼬치나 엠보스 히터로 없애면 되지만, 기포도 작품의 멋이 될 수 있으니까 너무 많지 않으면 그냥 둬도 됩니다.

7

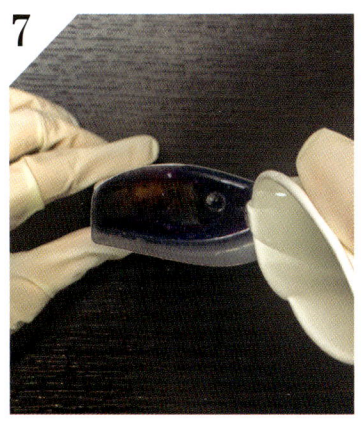

6에 투명 액상 레진을 따라줍니다. 신경 쓰이는 기포는 제거하세요.

8

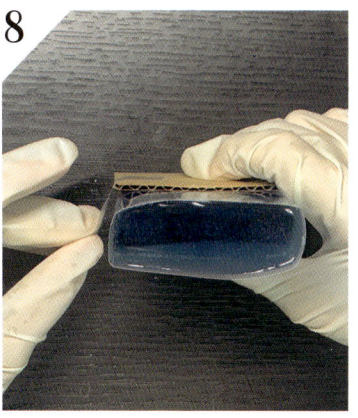

액상 레진을 따라주면 틀 모양 클리어 파일이 휘게 됩니다. 평평한 면이 되도록, 종이 상자 조각 등으로 보강해주세요.

9

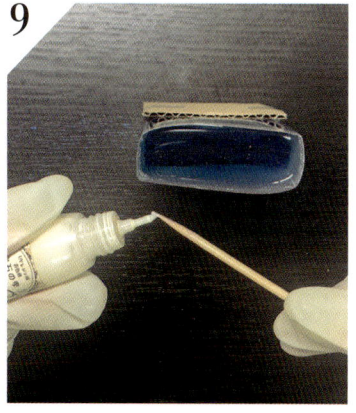

대나무 꼬치에 흰색 조색제를 조금 묻혀서 한 번 섞어주면, 이펙트 효과를 얻을 수 있습니다. 조색제를 너무 많이 넣거나 과하게 섞지 않게 조심하세요.

10

다 굳으면 보강용 종이 상자와 클리어 파일 틀을 제거합니다.

11

레진이 너무 클 때는 실톱으로 잘라주세요.
※보안경, 방진 마스크를 착용하세요.

12

목각도나 전동 조각기를 이용해서, 어느 정도 원하는 모양과 비슷하게 깎아줍니다.
※보안경, 방진 마스크를 착용하세요.

13

대략적으로 다듬은 상태.

14

320번 다이아몬드 디스크로 다듬어줍니다. 전동 조각기를 사용해도 됩니다. 이 단계에서 확실하게 모양을 잡아두는 게 포인트입니다.

15

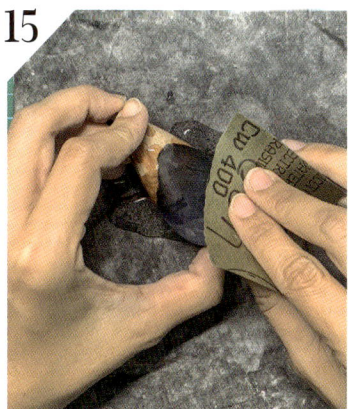

400번 방수 사포로 표면을 매끄럽게 해줍니다. 연마 작업은 물을 묻히면서 해주면 가루가 날리는 걸 막을 수 있습니다.

16

800번 방수 사포로 표면을 골고루 문질러서 흠집을 없애줍니다. 여기서 흠집이 남으면 나중에 지우기 힘들어지니까 잘 확인해주세요.

17

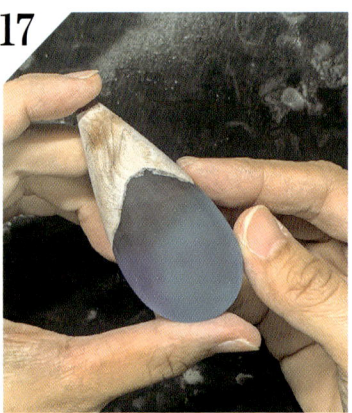

표면의 흠집이 거의 없어졌습니다.

18

1500번 방수 사포로 표면을 더 매끄럽게 연마한 뒤에 3000번, 5000번 순서로 연마해줍니다.

19

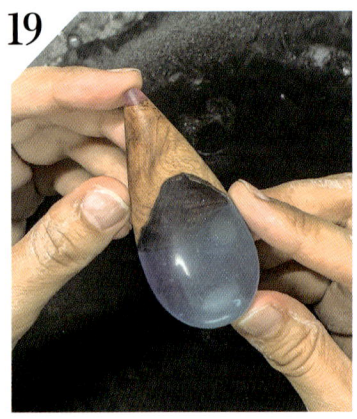

점점 투명한 느낌이 납니다.

20

다이아몬드 페이스트 연마제로 연마해서 유리알처럼 만들어줍니다.

21

유리알처럼 매끈해지면 연마 작업 종료.

22

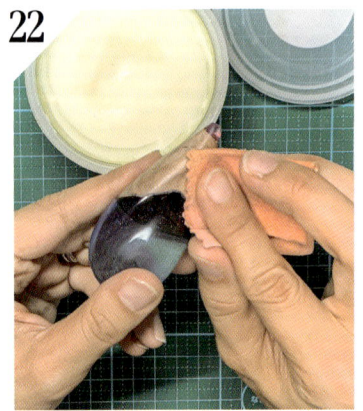

목재를 보호하기 위해 나무 부분에 파라핀 왁스를 바르고 닦아줍니다.

23

핀바이스로 끝부분에 구멍을 내고, 펜던트 연결용 고리를 달아줍니다.

24

왁스 코드나 목걸이 체인에 걸어서 완성.

Space Bottle
우주 작은 병

Luna

은하를 매체로 연성했다고 전해지는 비스무트 결정의 강대한 마력을,
황도 12궁의 힘으로 작은 병에 봉한 고대의 도구.

제작법 P124

Space Bottle
우주 작은 병

재료	· 황동 시트
	· 합성수지 도료(검정)
	· 유리병과 코르크 마개×1
	· 비스무트 결정×1
	· 액상 UV 레진

도구	· 크리스탈 연마석 800번,
	1000번, 2000번
	· 가위
	· 커터
	· 접착제(에폭시 수지계)
	· 대나무 꼬치
	· UV 라이트

1 황동 시트에 검은색 도료로 먹선을 넣습니다. 글자 안쪽까지 도료가 잘 들어갔는지 확인하고, 부족하면 더 칠해줍니다.

2 도료가 마르면 연마석으로 갈아줍니다. 800번, 1000번, 2000번 순서로 갈아주고, 마지막에 찌꺼기를 물로 씻어줍니다.

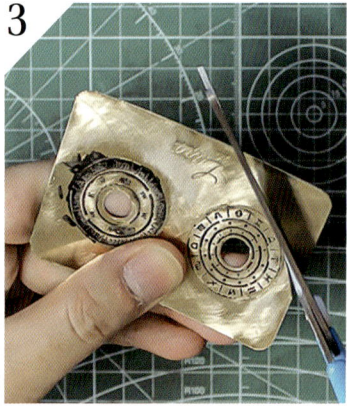

3 가위로 천구 부분을 잘라줍니다. 윤곽선을 따라서 깔끔하게 잘라주는 게 포인트입니다.

4 내부의 원 세 개를 각도를 다르게 해서, 입체적으로 배치합니다. 커터 등으로 안쪽 원의 지저분한 부분을 정리해주세요.

5 병의 코르크 부분에 비스무트 결정과 **4**를 임시 고정해서 접착 위치를 정합니다. 황도 12궁판이 유리병에 닿지 않는 곳으로 하세요.

6 접착제를 이용해서 비스무트 결정을 코르크에 접착합니다. **4**가 비스무트 결정을 감싸는 모양으로 배치하고 UV 레진으로 임시 고정합니다. 액상 레진 소량을 대나무 꼬치 등으로 떠서 원판과 결정이 닿는 부분에 바릅니다.

7 **6**에 UV 라이트를 5분 정도 쬐어서 굳혀줍니다.

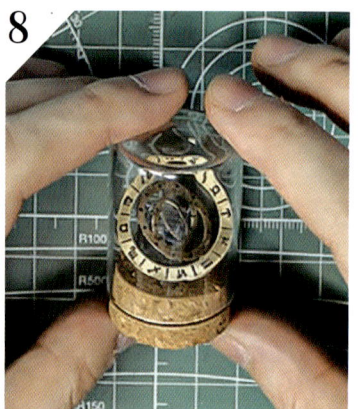

8 레진으로 임시 고정한 부분에 접착제를 덧발라서 확실하게 고정하고, 유리병을 씌워서 완성.

※황동 시트는 작가의 공식 인터넷 숍에서 판매 중.
「잡화와 핸드메이드 소재 가게 Luna」 https://luna-craft.shop-pro.jp/

Chronos Medicine Bottle
크로노스의 약병

【farbe- 파르베-】Kei

「기계장치의 도시」
그것은 역할을 다한 부품들이 모인 곳.
그곳에서는 시간과 기억에 관한 마법이 넘쳐나고 있다. 마치 숨을 쉬는
것처럼.
그 도시를 찾아간 시간의 신 크로노스는 마법들을 살며시, 작은 병에 담
았다.
크로노스의 약병, 그 효과는 다양하다.

제작법 P126-127

Chronos Medicine Bottle
크로노스의 약병

재료	· 액상 UV 레진
	· 조색제
	· 레진 안에 넣을 파츠(톱니바퀴, 시계 부품 등)
	· 톱니바퀴 파츠×4
	· 캡형 연결 고리

도구	· 조색 팔레트
	· 조색 스틱
	· 실리콘 몰드(시험관 모양)
	· 핀셋
	· UV 라이트
	· 레진 클리너
	· 니퍼
	· 줄
	· 붓

1

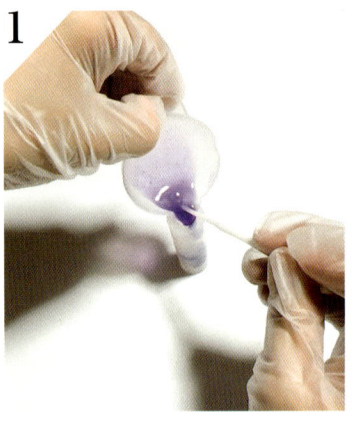

액상 레진에 조색제로 색을 입혀줍니다. 액상 레진 3g에 10방울 정도가 좋습니다. 잘 섞어서 큰 기포가 사라질 때까지 기다린 뒤에, 몰드에 1cm 정도 높이까지 넣어줍니다.

2

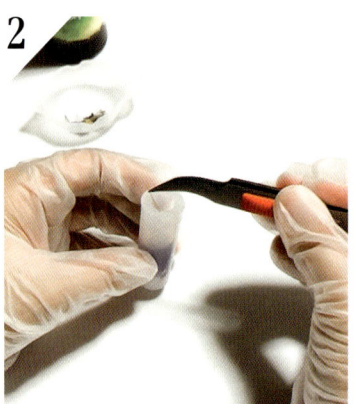

레진 안쪽에 넣고 싶은 파츠를 랜덤하게 넣어줍니다. 볼륨이 있는 부품부터 넣는 게 요령입니다

3

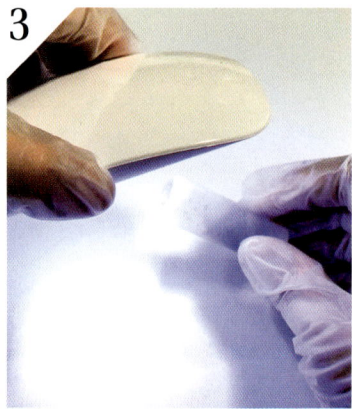

UV 라이트를 1분 정도 쬐어서 굳혀줍니다. 약간 비스듬하게 기울여서 굳혀주면 예쁜 그러데이션이 만들어집니다.

4

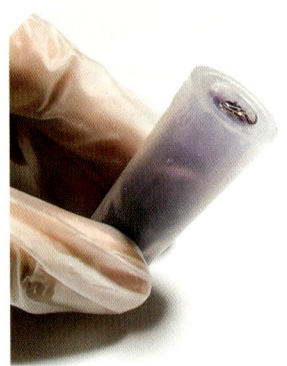

1에서 남은 액상 레진에 투명 액상 레진을 조금 섞어서 색을 옅게 만듭니다. **2~3**을 반복해서 색을 옅게 해주며 그러데이션을 만듭니다. 몰드 끝에서 5mm만 남겨주세요.

5

몰드 끝까지 투명 액상 레진을 추가하고 UV 라이트를 2분 정도 쬐어서 전체를 굳혀줍니다. 표면이 평평해지게 마무리합니다.

6

레진이 굳은 뒤에 식으면 꺼내서 작업에 들어갑니다. 몰드와 레진 사이에 레진 클리너를 2방울 정도 떨어트립니다.

7

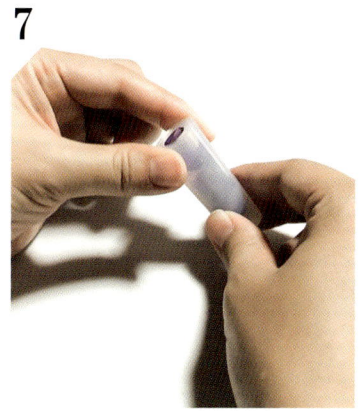

레진 클리너가 전체에 퍼지도록, 몰드를 주무르는 느낌으로 움직여주면 쉽게 꺼낼 수 있습니다.

8

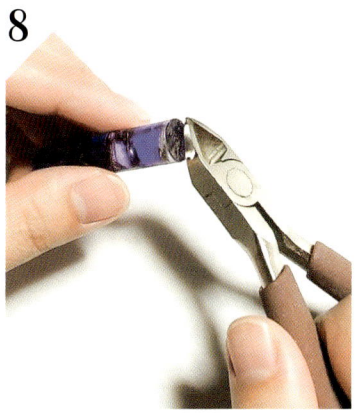

니퍼 등으로 지저분한 부분을 제거하고, 예리한 부분이 없어지게 전체를 사포로 다듬어주세요.

9

톱니바퀴 파츠에 투명 액상 레진을 묻혀줍니다.

10

9를 겹치고 UV 라이트를 1분 정도 쬐어서 굳혀줍니다.

11

9~11을 반복해서 모든 톱니바퀴 파츠를 하나로 모아줍니다. 액상 레진을 조금 많이 묻혀서, 제일 위에 연결 고리 캡을 얹어주고 UV 라이트를 1분 정도 쬐어서 굳혀주세요.

12

시험관 레진 위쪽 평평한 부분에 투명 액상 레진을 조금 묻혀줍니다.

13

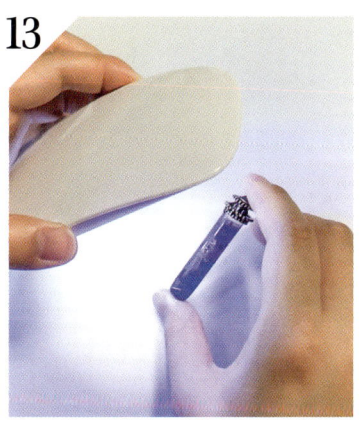

12를 겹치고, 손으로 고정한 채 UV 라이트를 1분 정도 쬐어서 굳혀주세요.

14

레진이 굳고 식으면 전체를 투명 액상 레진으로 코팅합니다. 톱니바퀴 부분을 잡고 듬뿍 칠해주면 붓자국이 남지 않습니다. 이 작업에서 작품에 광택이 생기고 예쁘게 마무리됩니다.

15

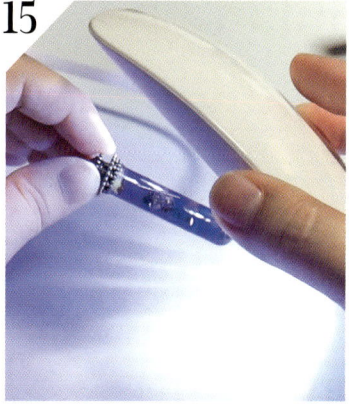

UV 라이트를 2분 정도 쬐어서 굳으면 완성. 체인을 달아서 목걸이로 만들어도 좋습니다.

Mineral Terrarium
광석 테라리움

Thistle

작은 병 안에 가둬둔 작은 치유의 정원.
광석 뒤에서 작은 요정이 얼굴을 빼꼼 내밀 것 같다.
바라보고 있는 사이에 서서히 의식이 흐릿해졌고——.

정신을 차려보니 숲속에 쓰러져 있었다.

제작법 P130-131

Ancient Medicine Box
고대의 비약 상자

Thistle

숲속을 헤매다가 다 무너져가는 오두막을 발견했다.
난로에서는 작은 불꽃이 춤추고, 책상 위에는 다른 나라의
글자가 빼곡하게 적혀 있는 책이 펼쳐져 있다. 그 옆에는 녹
색 돌을 둘러싸는 것 같은 신기한 장식이 들어 있는 둥글고
작은 상자가….
뭐가 들어 있는 걸까?

제작법 P132-135

Mineral Terrarium
광석 테라리움

재료	· 빈병 · 금속용 프라이머(밑칠용 도료) · 아이언 페인트(앤티크 골드) · 앤티크 미디엄(라이트 브라운, 다크 브라운) · 천연석 원석×1 · 미네랄 택(광물 고정용 점토) · 화분용 자갈	· 프리저브드 모스(모양과 색이 다른 것으로 2종류 이상을 사용하면 좋다) · 드라이플라워(2~3종류) · 끈(병을 2~3바퀴 감을 정도) · 참×1
도구	· 스펀지 · 핀셋 · 수공예용 접착제	

1

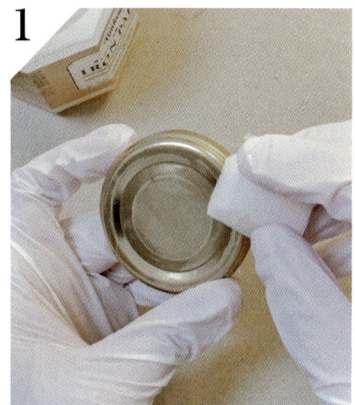

빈병 뚜껑에 프라이머를 바르고 말려줍니다.

2

앤티크 골드 도료를 발라주세요. 2~3번 겹쳐 칠하면 깔끔하게 칠해집니다.

3

도료가 마르면 앤티크 미디엄을 준비. 「라이트 브라운」「다크 브라운」「둘을 섞은 중간색」 세 가지를 사용합니다.

4

앤티크 미디엄을 「라이트 브라운」「중간색」「다크 브라운」 순서로 겹쳐 칠해서, 최대한 자연스러운 녹슨 효과를 만들어주세요.

5

칠이 끝났습니다.

6

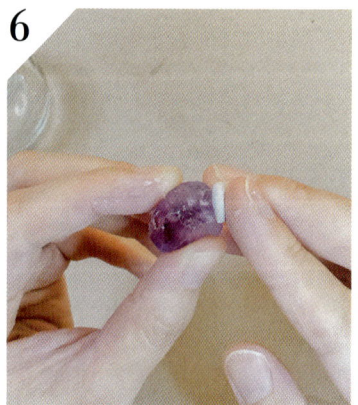

천연석 원석 바닥에 미네랄 택을 붙여줍니다. ※사진에서는 자수정을 사용.

7

병 바닥 중간쯤에 **6**을 꾹 눌러서 고정합니다.

8

화분용 자갈을 천연석 주위에 얇게 깔아줍니다.

9

프리저브드 모스에 수공예용 접착제를 조금 묻혀서 돌 주위에 깔아줍니다.

10

전체 균형을 보면서 조금씩 배치하는 게 요령. 돌이 안 보일 정도로 많이 넣지는 마세요.

11

드라이플라워 줄기에 수공예용 접착제를 묻혀서 전체 균형을 보면서 꽂아줍니다.

12

뚜껑을 닫고서 병 목에 끈이나 참으로 장식을 해주면 완성.

*P*oint

안에 넣는 천연석 종류를 바꿔주기만 해도 다양한 느낌의 광석 테라리움을 만들 수 있습니다.

8번 단계에서 자갈이 무너지는 걸 막고 싶은 경우에는, 축축해지면 단단하게 붙는 자갈을 사용하는 것을 추천합니다. 단, 계속 축축한 상태로 두면 곰팡이가 생기기 때문에, 완전히 마른 뒤에 다음 공정으로 넘어가세요.

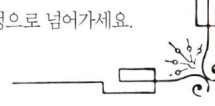

Ancient Medicine Box
고대의 비약 상자

재료	· 장식용 약 케이스×1	도구	· 마스킹 테이프
	· 금속용 프라이머(밑칠 도료)		· 스펀지
	· 아이언 페인트(앤티크 골드)		· 클레이 크래프트용 몰드
	· 앤티크 미디엄(라이트 브라운, 다크 브라운)		· 브러시
	· 폴리머 클레이(블랙)		· 칫솔
	· 아이섀도(브라운~브론즈 계열)		· 오븐
	· 천연석(카보숑 커트 6mm)		· 코팅제
	· 폴리머 클레이용 분말 도료(브론즈)		· 접착제(에폭시 수지계)
	· 액체 폴리머 클레이×1		

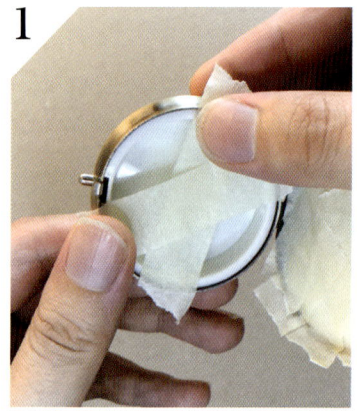

1 약 케이스 안쪽에 마스킹 테이프를 붙여주세요.

2 도료를 칠하기 쉽게 프라이머를 바르고 말려줍니다.

3 앤티크 골드 도료를 발라주세요. 2~3번 겹쳐 칠하면 깔끔하게 칠해집니다.

4 도료가 마르면 앤티크 미디엄을 준비. 「라이트 브라운」 「다크 브라운」 「둘을 섞은 중간색」 세 가지를 사용합니다.

5 앤티크 미디엄을 「라이트 브라운」 「중간색」 「다크 브라운」 순서로 겹쳐 칠해서, 최대한 자연스러운 녹슨 효과를 만들어주세요.

6 다 마르면 마스킹 테이프를 벗겨주세요. 케이스 본체는 완성.

7

얇게 편 폴리머 클레이를 약 케이스 크기대로 둥글게 잘라줍니다. 약 케이스 장식용 알루미늄판이나 동판으로 모양을 따주면 적당한 크기의 원을 만들 수 있습니다.

8

클레이 크래프트용 몰드를 준비합니다.

9

폴리머 클레이를 몰드에 찍어서 눌러줍니다.

10

깔끔하게 모양이 찍혔습니다.

11

어두운 브라운이나 브론즈 계열 아이섀도를 브러시로 살짝 발라줍니다.

12

천연석(카보숑 컷)을 꽂아줍니다.
※사진에서는 공작석을 사용했습니다.

13

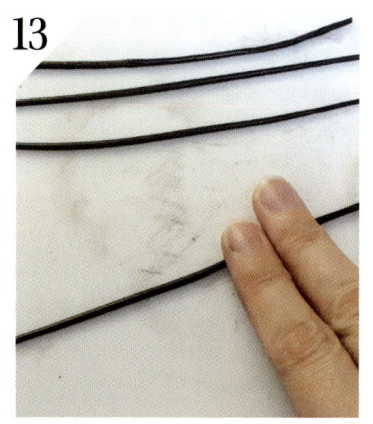

폴리머 클레이를 적당히 덜어서 끈 모양으로 만들어줍니다. 장식에 사용할 것이니까 많이 만들어주세요.

14

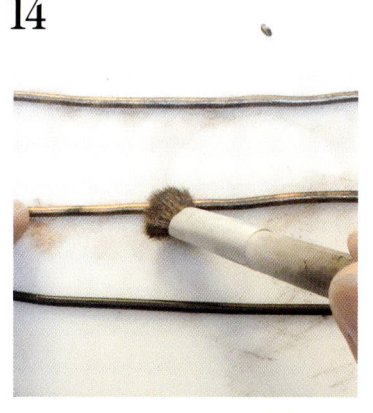

끈에 분말 도료(브론즈)를 바릅니다. 너무 많이 칠하지 말고, 약간 얼룩덜룩한 정도가 좋습니다.

15

칫솔로 살짝 문질러서 남는 가루를 털어줍니다.

16

천연석(카보숑 컷)을 **13~15**에서 만든 끈으로 둘러싸서 고정합니다. 끈에 액체 폴리머 클레이를 조금 발라주면 고정하기 쉽습니다.

17

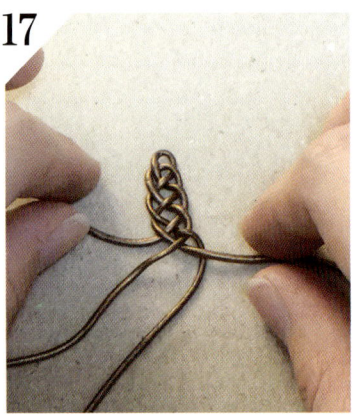

남은 끈으로 자유롭게 장식합니다. 여기서는 「켈틱 매듭」이라고 하는 끝이 없는 매듭을 모티브로 만듭니다.

18

천연석(카보숑 컷)을 둘러싸는 모양으로 배치. 여기서도 모티브나 받침에 액체 폴리머 클레이를 살짝 발라주면 좋습니다.

19

매듭 끝부분이 가능한 한 보이지 않게 잘라줍니다.

20

끈을 두 개 꼬아줍니다.

21

20으로 테두리를 장식하고 오븐에 굽습니다. (온도나 시간은 폴리머 클레이 제품에 따라 다릅니다).

22

오븐에서 꺼내고 식으면 코팅제를 발라줍니다.

23

코팅제가 마르면 접착제를 바릅니다.

24

약 케이스에 붙여서 잘 정착되면 완성.

(왼쪽 사진 오른쪽부터)

Deep Forest Amulet Brooch
깊은 숲 부적 브로치

Adventurer's Amulet Pendant
모험자의 부적 펜던트

Thistle

깊은 숲에 있는 마녀의 공방에는, 신기한 도구들이 잔뜩 진열돼 있다.
숲의 힘이 깃든 브로치, 흑요석으로 만든 작은 칼, 그리고 푸른 빛을 지닌 돌로 만든 펜던트.

제작법 「깊은 숲 부적 브로치」 P136~138
「모험자의 부적 펜던트」 P139~141

※사진 왼쪽부터 「모험자의 부적」, 「용의 부적」, 「옵시디언 단검」은 완성 작품만 게재했습니다.

Deep Forest Amulet Brooch
깊은 숲 부적 브로치

재료				도구	
	· 폴리머 클레이(브라운)		· 브로치대		· 클레이 프레서
	· 폴리머 클레이(라이트 그린)		· O링×2		· 대나무 꼬치
	· 폴리머 클레이(다크 그린)		· 물방울 모양 비즈×1		· 이쑤시개
	· 9핀×2		· 체인(10cm)		· 둥근머리 철필
	· 리프 메탈×1				· 오븐
	· 천연석(카보숑 컷,				· 롱노즈 플라이어
	25mm×18mm 정도)×1				
	· 액체 폴리머 클레이				
	· 아이섀도(브라운 계열)				
	· 코팅제				

1
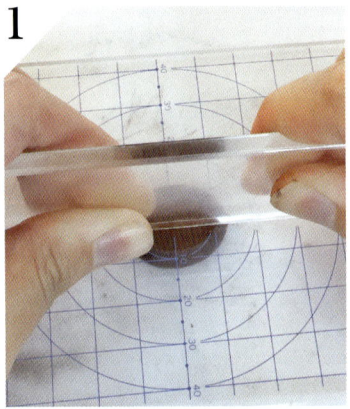
폴리머 클레이를 적당량 자르고, 클레이 프레서를 이용해서 타원형으로 눌러주세요.

2

뒷면에 대나무 꼬치로 골을 만듭니다. 거기에 브로치대를 붙입니다.

3

아래쪽 두 곳에 9핀을 꽂아줍니다.

4

리프 메탈을 붙여줍니다.

5

리프 메탈 위에 천연석(카보숑 컷)을 눌러줍니다. ※사진에서는 블루문 스톤을 사용.

6

폴리머 클레이를 적당히 잘라서 끈 모양으로 펴줍니다.

7

6에서 만든 끈으로 천연석(카보숑 컷)을 둘러싸서 고정합니다.

8

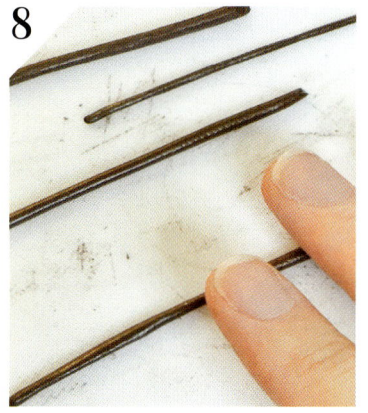

나무뿌리를 만듭니다. 폴리머 클레이를 적당히 덜어서, 굵기가 다른 끈 모양을 만듭니다.

9

8에서 만든 끈에 줄기 모양 무늬를 만들어 줍니다.

10

나무뿌리 느낌으로, 천연석(카보숑 컷)을 둘러싸는 모양으로 배치합니다. 가는 것→굵은 것 순서로.

11

라이트 그린과 다크 그린 폴리머 클레이를 아주 조금 덜고, 손끝으로 눌러서 뿌리에 붙여줍니다.

12

이쑤시개 등으로 두 가지 색을 섞는 느낌으로 찔러서 정착시킵니다.

13

11~12를 반복해서 이끼와 잎을 표현합니다.

14

좌우에 둥근 머리 철필로 세로 2개씩 구멍을 뚫어줍니다. 여기에 체인을 걸기 위한 고리를 달아줄 겁니다.

15

구멍에 액체 **폴리머 클레이**를 아주 조금 묻혀줍니다.

16

뿌리용 끈을 짧게 2개 자르고, 구멍에 꽂아서 고정합니다.

17

필요하다면 뿌리에 줄기나 금을 추가하세요.

18

이 상태에서는 색이 너무 선명하니까, 전체에 브라운 아이섀도로 톡톡 두드려주세요.

19

뒷면 골에 액체 폴리머 클레이를 흘려 넣어줍니다.

20

브로치대를 꽂아주고 오븐에 구워줍니다(온도와 시간은 폴리머 클레이 메이커에 따라 다릅니다).

21

20을 오븐에서 꺼내고, 식으면 코팅제를 발라주세요.

22

양쪽 고리에 O링을 달아줍니다.

23

아래쪽 9핀에 O링을 사용해서 장식 체인을 달아주고, 체인 끝에 물방울 모양 비즈를 달아서 완성.

Point

22에서 달아준 O링에 체인이나 끈을 걸어주면 목걸이로 사용할 수도 있습니다.

Adventurer's Amulet Pendant
모험자의 부적 펜던트

재료
- · 폴리머 클레이(블랙)
- · 천연석 원석(기둥 모양)×1
- · 천연석(카보숑 컷, 8mm×6mm)×1
- · 천연석(카보숑 컷, 6mm)×1
- · 리프 메탈×1
- · 아이섀도(브라운 계열)
- · 액체 폴리머 클레이
- · 코팅제

- · 체인(30cm)×2
- · O링(타원)×2
- · O링(원형)×2
- · 키링×1
- · 랍스터×1

도구
- · 커터
- · 이쑤시개
- · 칫솔
- · 바늘
- · 둥근머리 철필
- · 오븐
- · 롱노즈 플라이어

1

폴리머 클레이를 적당히 덜어서 공 모양으로 뭉칩니다.

2

기둥 모양 천연석 원석을 꽂아주고, 폴리머 클레이와 천연석 사이에 빈틈이 없도록 잘 밀착시킵니다. ※사진에서는 아쿠아 오라를 사용했습니다.

3

전체 균형을 보면서, 원석이 최대한 많이 노출되도록 불필요한 폴리머 클레이를 잘라냅니다.

4

모양을 다듬어줍니다.

5

돌과 폴리머 클레이 접합 부분은 이쑤시개 등으로 거칠게 만들어줍니다. 이렇게 해주면 보다 자연스런 느낌이 들고, 돌이 폴리머 클레이와 잘 붙어줍니다.

6

천연석(카보숑 컷)을 꽂아줍니다. ※사진에서는 블루문 스톤과 아이올라이트를 사용.

7

천연석(카보숑 컷)을 일단 빼고, 우묵한 곳에
리프 메탈을 깔아줍니다.

8

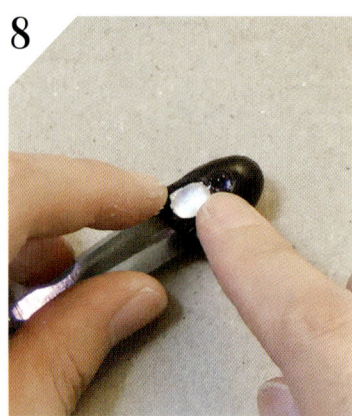

리프 메탈 위에 **7**에서 빼낸 천연석(카보숑
컷)을 올려줍니다.

9

폴리머 클레이를 적당히 덜어서 끈 모양으로
만들어주세요. 끈은 장식용으로 사용할 것이
니까, 많이 만들어두면 좋습니다.

10

9로 천연석(카보숑 컷)을 감싸서 고정합니
다. 고정만 할 수 있으면 어떤 모양으로 해도
좋습니다

11

이제부터는 자유롭게 꾸며주세요. 남은 끈으
로 모양을 만들며 랜덤하게 붙여주세요.

12

날개 모티브를 만들어서 붙여줍니다.

13

클레이를 작은 구슬 모양으로 뭉쳐서 붙여
주세요.

14

장식이 끝나면 브라운 계열 아이섀도를 발
라줍니다.

15

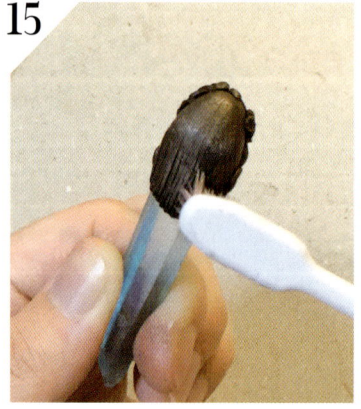

칫솔로 살짝 문질러서 남는 가루를 털어내주
세요.

16

바늘로 문양을 추가해줍니다.

17

둥근 머리 철필로 좌우에 2개씩 구멍을 만들어줍니다. 여기에 체인을 거는 데 사용할 고리를 붙이게 됩니다.

18

9에서 만든 끈을 짧게 자른 것 2개에 아이섀도를 발라서 고리를 만듭니다.

19

17의 구멍에 액체 폴리머 클레이를 아주 조금 바릅니다.

20

18에서 만든 고리를 구멍에 끼워서 고정하고 오븐에 구워줍니다(온도와 시간은 폴리머 클레이 메이커에 따라 다릅니다).

21

오븐에서 꺼내고, 식으면 코팅제를 발라줍니다.

22

목걸이 체인 2개는 각각 양 끝에 O링(타원)으로 랍스터와 키링을 달아줍니다. 좌우 고리와 체인을 O링(원형)으로 연결해서 완성.

Point

너무 예쁜 돌보다 적당히 크랙(금)이 있거나 안에 이물질이 있는 돌을 쓰면, 보다 자연스럽고 깊이가 있어 보입니다.

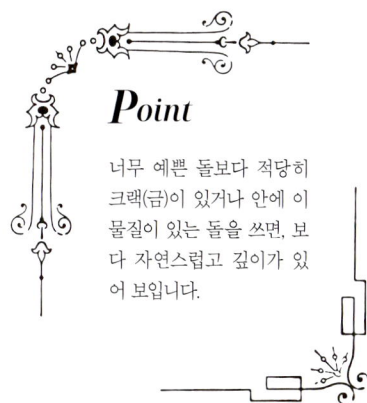

작가 프로필 (게재 순)

한조 장신구점

타마 미술대학 졸업. 「연금술사가 만든 매직 아이템」을 테마로 삼은, 노스텔직하고 판타지한 액세서리나 오브제 등을 제작. 실내 연출, 이벤트 주최 등, 폭넓게 활동 중.

HP:https://note.mu/banzooo
Shop:https://banzooo.booth.pm/
Instagram:@banzo_b
Twitter:@banzooo

시바스케

광물을 모티브로 삼은 레진 액세서리나 황동 파트를 사용한 판타지 세계관이 넘쳐나는 액세서리를 제작한다. 세끼 밥보다 고양이를 좋아함.

Instagram:@mikohand
Twitter:@mikohand

우주가 열리는 나무

이야기가 담긴 사실적인 우주 모티브 작품을 목표로 제작. 그 밖에 바다와 섬을 담은 정경 작품도 작성. 2015년부터 디자인 페스타에 출전. 위탁 점포 2점포. 그중에 사이타마현 미사토시 혹성좌에 작품을 상시 전시.

Shop:https://minne.com/@uthunonaruki
Instagram:@utyuunonaruki
Twitter:@uthunonaruki

rento / AliceCode

AliceCode로서 파란색과 창작 세계를 축으로 핸드메이드 작품을 제작. 레진에 천연석, 스와로브스키 등을 사용해서, 자신이 「좋아하는」 것이 담긴 작품을 만들고 있습니다. 만들면 즐겁고, 많은 분들이 보고 즐겨주실 수 있는 작품을 만들고자 합니다. 마법 같은, 자연 같은, 그런 작품을 앞으로도 계속 만들겠습니다.
Shop:https://minne.com/@alicecode
Shop:https://alicecode.booth.pm/
Instagram:@rento__
Twitter:@al1cecode

우라가 이오리

「가공세계의 가공 점포·마술소재 3호점에서 취급하는 물건들」을 콘셉트로 잡화와 액세서리를 만들고 있습니다.

HP:https://ameblo.jp/magicshop3rd/
Shop:https://minne.com/@3rd
Instagram:@uraga_iori
Twitter:@uraga_iori

시리우스

메르헨 판타지 느낌의 세계관에서, 하나하나에 이야기가 있는 작품을 만들고 있습니다. 원 오프나 주문 작품을 통해서, 당신만의 「세계」를 전해드립니다. 인터넷 숍에서는 환상적인 세계로 이어지는 「메르헨 하바리움 라이트」나 원 오프 마법 아이템, 액세서리를 판매하고 있습니다.

Shop:https://www.creema.jp/c/sirius
Shop:https://minne.com/@sirius04

Oriens

보면 즐겁고 가슴이 두근거리는 「마법세계 도구」를 제작합니다. 당신이 빛날 수 있는, 당신만의 마법 도구를 발견하기를 기원합니다.

Shop:https://minne.com/@oriens0416
Instagram:oriens.0526
Twitter:@oriensss0526

@mosphere candles

소재가 지닌 넓은 표현의 폭에 매료돼서 캔들 만들기 세계에 빠졌습니다. 리얼한 아름다움 속에 약간의 그늘이 있는 판타지를 숨겨서, 마음에 마법 등불을 밝히는 아트를 만들고자 합니다.

Shop:https://atmoscandle.thebase.in/
Instagram:@gratin_atmosphere

MARI / 마녀 공방 Bitty

Bitty라는 이름의, 판타지 세계 속에서 조용히 살아가는 마법 아이템 가게의 마녀. 노래 부르는 걸 좋아해서 공방에서는 종종 노랫소리가 들려옵니다. 가게에는 일상에서도 즐길 수 있는 마법 아이템과 마법 연성을 위한 레진용 몰드가 진열돼 있습니다.

Shop:https://minne.com/mutekibaby
Instagram:@mutekibaby
Twitter:@jayz0327

【farbe- 파르베-】Kei

톱니바퀴와 시계 부품의 세련된 빛에 매료돼서, 레진 액세서리와 잡화를 중심으로 제작. 분해와 재구축을 축으로, 사용하는 부품은 망가진 시계를 분해하고 세척한 것을 사용. 새로운 이야기과 함께 다시 만들고 있습니다. 「일상에 이야기와 키 아이템을」

Shop:https://minne.com/@worksfarbe
Instagram:@farbeworks
Twitter:@farbeworks

Luna

비스무트 결정과 오리지널 디자인의 황동 시트, 양쪽을 조합해서 만든 우주 계열 잡화를 만들고 있습니다. 별처럼 반짝반짝 빛나는 수많은 아이템들 속에서, 당신의 마음에 드는 것을 찾아내기를 바랍니다.

Shop:https://luna-craft.shop-pro.jp/
Twitter:@lunacraft0

Thistle

『나도 모르게 몸에 지니고 싶어지는 부적 액세서리』를 콘셉트로, 천연석에 와이어나 폴리머 클레이를 조합하는 작품을 제작. 2013년부터 인터넷 판매와 벼룩시장을 중심으로 조용히, 몰래 활동 중. 아일랜드 음악을 좋아해서, 한 달에 몇 번은 도쿄에 있는 아이리시 펍에서 연주에 참가하고 있다. 맛있는 홍차와 과자를 좋아함.

Hp:https://m.facebook.com/Thistlestones/
Shop:https://thistle.theshop.jp/
Instagram:@thistlestones
Twitter:@ThistleStones

촬영 스튜디오

스튜디오 리브레리

고서점 안에 있는 임대 스튜디오. 오래된 외국책들이 꽂혀 있는 서재 부스와 고딕, 쉐비 시크 등, 70㎡안에 8개 부스를 설치.

도쿄도 타마시 나가야마 1-8-3
TEL 042-400-6377
https://www.studio-librairie.com/
Price : 평일 5시간 코스 10,000엔부터~

Studio Lumiere'k

앤티크, 공상, 퇴폐, 서양 저택 등, 어디에도 없는 표현의 장으로서 매일 변화하는 스튜디오.

노쿄도 아다치구 도와 2-17-2 칭고 2F
TEL 080-1355-1424
http://lumierek.lolitapunk.jp/main/
Price : 평일 5시간 37,000엔부터~

■ **지은이** 소개

마법 아이템 연성소

마법계 잡화, 액세서리 제작 방법을 연구하는 조직. 공상과 현실 사이를
오가며 「정말로 마법을 사용할 수 있을 것 같은 아이템」의 수집과 마법계
크래프트 보급에 온 힘을 다하고 있다.

■ **옮긴이** 소개

김정규

중앙대학교 일어학과 졸업. 반다이코리아 디지털사업부에 재직하며 건
담 시리즈를 비롯한 게임 소프트웨어 수십 편의 로컬라이즈를 담당. 현
재는 전업 프리랜서 번역가로 활동 중. 모형 만들기를 좋아하지만 만들
시간이 없어서 키트와 도료만 쌓여가고 있다.

마법 아이템 만드는 법
마법사의 비밀 레시피

초판 1쇄 인쇄 2021년 06월 10일
초판 1쇄 발행 2021년 06월 15일

저자 : 마법 아이템 연성소
번역 : 김정규

펴낸이 : 이동섭
편집 : 이민규, 탁승규
디자인 : 조세연, 김현승, 황효주, 김형주, 김민지
영업·마케팅 : 송정환, 조정훈
e-BOOK : 홍인표, 서찬웅, 유재학, 최정수, 이건우, 심민섭
관리 : 이윤미

㈜에이케이커뮤니케이션즈
등록 1996년 7월 9일(제302-1996-00026호)
주소 : 04002 서울 마포구 동교로 17안길 28, 2층
TEL : 02-702-7963~5 FAX : 02-702-7988
http://www.amusementkorea.co.kr

ISBN 979-11-274-4514-0 13630

Mahou Zakka no Tsukurikata
Mahoutsukai no Himitsu no Recipe
©Magic item alchemical studio / HOBBY JAPAN
Originally Published in Japan in 2019 by HOBBY JAPAN Co. Ltd.
Korea translation Copyright©2021 by AK Communications, Inc.

손끝에서 탄생하는
현실 이상의 리얼리티!!

노모켄 1 [최신개정판]

노모토 켄이치 지음 | 이은수 옮김 | 210X257mm | 208쪽
ISBN 979-11-7024-259-8 | 25,000원

프라모델러를 위한 테크닉 가이드

『노모켄』은 모형 제작을 위한 테크닉 가이드북이다. 공구와 재료의 소개부터 프라모델의 조립, 개조법, 처음부터 만들어 나가기 위한 조형적인 기법, 마감과 도장, 그리고 복제까지를 모두 망라하여 풍부한 사진과 함께 해설한다.

노모켄 2

노모토 켄이치 지음 | AK커뮤니케이션즈 편집부 옮김 | 210X257mm | 112쪽
ISBN 978-89-8710-363-1 | 15,800원

중·고급 프라모델러를 위한 테크닉가이드

오토 모델, 에어로 모델, AFV 모델 등의 장르를 다룬다. 각 작품마다 테마를 설정하고, 그 제작 과정을 풍부한 사진과 자세한 해설을 곁들여 소개한다. 특히 각 장르의 조립부터 도색까지, 설명서에는 실려 있지 않은 유용한 실용기술들을 담았다.

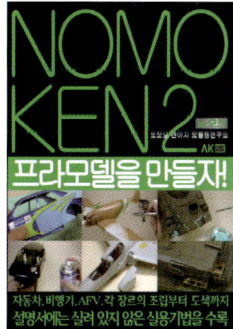

노모켄 3

노모토 켄이치 지음 | AK커뮤니케이션즈 편집부 옮김 | 210X257mm | 162쪽
ISBN 978-89-6407-237-0 | 21,800원

건담 모형 도색과 개조. 프로의 테크닉을 전수한다!

단순 조립에서 한발 더 나아가, 개조를 통해 자신만의 스타일로 연출할 수 있는 모든 테크닉이 총 망라되어 있다. 작업에 쓰이는 도구의 설명에서부터, 붓터치, 에어브러쉬의 사용법, 개조방법, 웨더링, 완성 후의 전시와 보관까지, 작업하면서 궁금할 법한 사항을 상세히 다룬다.

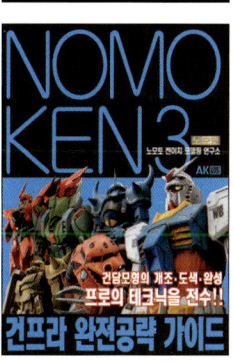

노모켄 Extra Edition 건프라 입문

노모토 켄이치 지음 | AK커뮤니케이션즈 편집부 옮김 | 210X257mm | 98쪽
ISBN 978-89-6407-033-8 | 12,000원

건프라 제작의 모든 노하우를 이 한 권에!

프라모델을 처음 만드는 독자들을 위한 가이드북. 기동전사 건담 시리즈의 프라모델, 즉 건프라 제작의 기초부터 완성까지 사진자료를 통해 상세히 설명한다. 기초에서부터 키트의 완성도를 높이는 다양한 테크닉을 수록하였다.

노모켄 특별편 궁극의 자동차 모델 제작법
-NOMOKEN extra edition-

노모토 켄이치 지음 | 김정규 옮김 | 182X257mm | 112쪽
ISBN 979-11-274-2162-5 | 24,000원

세상에 하나뿐인 자동차 모델 제작법!

프라모델 제작 가이드의 전설, 노모켄 시리즈의 저자 노모토 켄이치. 그가 부품부터 하나하나 전부 다 만드는 '스크래치 빌드'로 만들어낸 F1 경주용 자동차 모형, 1/12 티렐 008의 제작 과정을 추적한다. 30년이 넘는 제작 노하우에 3D모델링과 같은 최신 기술까지 동원한 이유와 결과는?

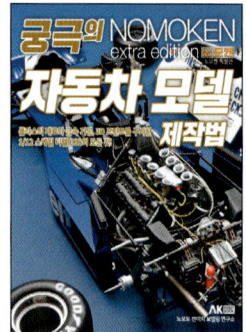

철도 모형 제작의 교과서

하비 재팬 편집부 지음 | AK커뮤니케이션즈 편집부 옮김 | 210X297mm | 112쪽
ISBN | 978-89-6407-925-6 | 22,000원

철도 모형의 다양한 레이아웃 제작 테크닉 완벽 가이드!!

철도 모형 팬들이 최단 시간에 원하는 목표에 도달할 수 있도록, 효율적인 제작 테크닉을 전수한다. 누구나 원하는 레이아웃의 철도 모형을 완성할 수 있도록, 창의적이고 유용한 기법들을 알려준다. 레이아웃을 제작할 때 발생하는 곤란한 상황에 대해 그 해결책을 제시해줄 것이다.

비행기 모형 제작의 교과서 [최신 제트 전투기편]

하비 재팬 편집부 지음 | AK커뮤니케이션즈 편집부 옮김 | 210X297mm | 112쪽
ISBN 978-89-6407-492-3 | 19,800원

사진으로 보는 비행기 모형작법서!

쉽게 따라올 수 있도록 풍부한 사진과 친절한 설명 등 초보자를 위한 배려는 물론, 실기에 버금가는 작례가 돋보이는 본격 입문 작법서.
제작 과정을 순서에 따라 상세하게 해설하고 있으며, 비행기 모형 팬들에게 더할 나위 없는 최고의 가치를 선사할 것이다.

전차 모형 제작의 교과서

하비 재팬 편집부 지음 | 오세찬 옮김 | 210X297mm | 96쪽
ISBN | 978-89-6407-744-3 | 19,800원

전차 모형 제작의 결정판 가이드!

제작 과정을 쉽게 이해할 수 있는 방대하고 상세한 사진 자료와 함께 일본 AFV 모델계 거장의 핵심을 짚어주는 친절하고 자세한 설명으로 누구나가 원하는 전차 모형을 제작할 수 있도록 구성하였다. 나중에는 전차 모형을 자유롭게 다루는 자신을 발견할 수 있을 것이다.

프라모델 에어브러시 테크닉가이드

카와노 요시유키 지음 | AK커뮤니케이션즈 편집부 옮김 | 180X230mm | 119쪽
ISBN 978-89-6407-006-2 | 17,800원

프라모델 도색기법의 꽃! 에어브러시 테크닉의 정수!

여러 가지 프라모델 도색기법 가운데에서도 그 꽃이라고도 할 수 있는 에어브러시 테크닉의 정수를 담은 가이드 북. 기초부터 시작하여 응용 테크닉에 이르기까지, 에어브러시의 테크닉에 대한 훌륭한 길잡이가 될 것이다.

비행기 모형 만들기

나카다 히로유키 지음 | AK커뮤니케이션즈 편집부 옮김 | 210X297mm | 152쪽
ISBN 978-89-6407-252-3 | 24,800원

2차 세계대전을 대표하는 전투기 4종 완전 해설!

2차 세계대전에서 활약한 일본의 영식 함상 전투기, 독일의 포케볼프 Fw190 F-8/9, 미국의 노스 아메리칸 F51D 무스탕 등 4기의 기체에 대한 해설을 담은 책이다. 입문자의 입장에서 자세하고 쉽게 기술하여 비행기 모형 제작의 기본기를 다질 수 있도록 도와줄 것이다.

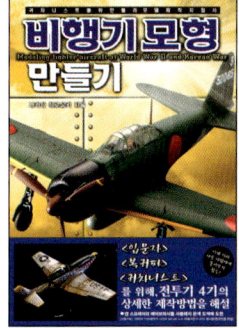

자동차 모형 만들기

기타자와 시로 외 2인 지음 | AK커뮤니케이션즈 편집부 옮김 | 210X297mm | 144쪽
ISBN 978-89-6407-336-0 | 24,800원

자동차 모형을 만드는 즐거움을 느껴보자!

클래식 카 '미니 쿠퍼', 명품 스포츠카 '페라리 288 GTO', 걸작 머신 '페라리 312T'. 그리고 20년 만에 플라모델 제작에 도전하는 복귀파 모델러의 눈물 없이 볼 수 없는 처절한 'AE86 트레노' 제작기까지, 자동차 플라모델 만드는 법을 기초부터 차근차근 설명한 책.

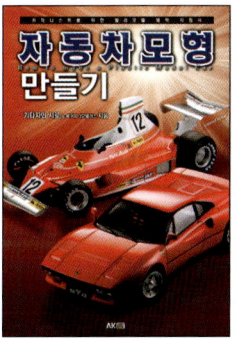

전차 모형 만들기

나카다 히로유키 지음 | 장민성 옮김 | 210X297mm | 136쪽
ISBN 978-89-6407 040-6 | 24,800원

바쁜 사람들을 위한 경제적인 모델링 안내서!

공부나 일에 쫓겨서 좀처럼 모형을 제작할 시간을 갖지 못하는 이들을 위해, 시간을 들이지 않으면서 간단하고 멋지게 완성할 수 있는 기술을 소개하는 전차모형 제작 가이드 북. 필자가 오랜 기간에 걸쳐 쌓아온 노하우를 이 한 권에 담았다.

함선 모형 만들기

나카다 히로유키 지음 | 이재경 옮김 | 210X297mm | 143쪽
ISBN 978-89-6407-245-5 | 24,800원

나만의 함정을 제작하는 방법!

진힘 아마도외 ㄱ' 일본 해군 함정, 디오라마 제작법을 소개하다. 1/700 사이즈의 함선 모형 제작방법을 알기 쉽게 해설하여 모형을 처음 접하는 이들도 따라할 수 있다.

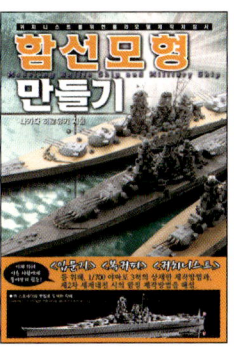

전차 디오라마 만들기

나카다 히로유키 지음 | 이재경 옮김 | 210X297mm | 128쪽
ISBN 978-89-6407-205-9 | 24,800원

전장을 포효하는 나만의 전차를 만들어 보자!

단순히 전시대 위에 작품을 올려 놓는 것이 아니라, 실제 전장의 정경 속에 작품을 배치하고 싶어 하는 디오라마 입문자들을 위한 입문서.
디오라마를 만들면서 가졌을 법한 모든 의문점에 대해서 해답을 제시하는 것은 물론, 저자의 모델링노하우를 아낌없이 공개한다.

밀리터리 모델링 메뉴얼21

하비 재팬 편집부 지음 | AK커뮤니케이션즈 편집부 옮김 | 210X297mm | 154쪽
ISBN 978-89-6407-009-3 | 24,800원

실력있는 전문 필진들의 고품격 작례와 다양한 해설!

일본의 정통 모형지 하비 재팬시리즈 중에서도, AFV를 중심으로 밀리터리 관련 장르에 초점을 맞춘 「밀리터리 모델링 메뉴얼 21」의 정식 한국어판.이 책의 메인 테마는 '구축 전차'. 베테랑 필진들의 화려한 고품격 작례 및 다양한 사진 자료와, 상세한 해설을 통하여, 유용한 실전 노하우를 제공하고, 동기를 부여해 줄 것이다.

요코야마 코우 Ma.K. 모델링북

요코야마 코우 지음 | 이재경 옮김 옮김 | 217X286mm | 112쪽
ISBN 979-11-7024-388-5 | 30,000원

최고의 모델링을 향한 감동의 여정

일러스트레이터 겸 모델러인 요코야마 코우가, 최신 도구와 재료를 이용하여 제작한 『Ma.K.』의 프라모델, 레진 키트, 액션 피규어를 대공개한다. 저자가 직접 촬영한 사진과 실용적인 해설로 구성한 획기적인 모형지이다. 저자가 직접 해설하는 마쉬넨 크리거의 독특한 디자인과 제작 테크닉들을 통하여 전과는 다른 작품을 완성할 수 있을 것이다.

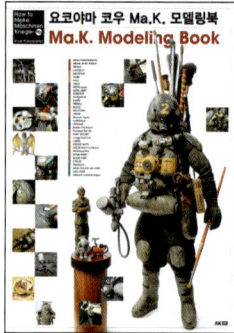

토이건 다이제스트 2011

하비 재팬 편집부 지음 | AK커뮤니케이션즈 편집부 옮김 | 210X297mm | 249쪽
ISBN 978-89-6407-925-6 | 22,000원

토이건, 이 한 권으로 완전 픽업!

모델건. 이제까지 관심은 있었지만, 정보가 없어 곤란해 하던 이들을 위한 서적! 신상 토이건은 물론, 그동안 완벽한 성능으로 찬사받았던 명품 모델까지, 이 책 한 권으로 완벽 픽업! 단순한 카탈로그가 아닌, 성능에 대한 설명과 사용례, 성능 비교까지 담아낸, 토이건 마니아들을 위한 퍼펙트 가이드 북.

타미야 1/48 톰캣 제작 가이드 F-14A 톰캣을 즐겨보자

하비 재팬 편집부 지음 | 문성호 옮김 | 210X257mm | 72쪽
ISBN 979-11-274-1248-7 | 18,500원

타미야 1/48 톰캣 궁극의 제작 가이드 북!!

당대 최강의 함상 전투기로 이름 높았으며 현재도 최고의 인기를 자랑하는 F-14. 2016년 11월, 타미야에서 결정판이라 할 수 있는 1/48 F-14A를 발매했다. 조립부터 디테일업, 웨더링, 개조, 작례와 실기 정보, 디테일업 파츠, 별매 데칼까지! 관련된 모든 정보를 이 한 권에 다 담았다!

1911 거버먼트 마니악스

암즈 매거진 편집부 지음 | 이상언 옮김 | 210X297mm | 142쪽
ISBN 979-11-274-1338-5 | 24,800원

프라모델 도색기법의 꽃! 에어브러시 테크닉의 정수!

탄생으로부터 100년. 오늘날에도 군경은 물론 민간 시장에서까지 폭넓게 사랑받고 있는 이유는 무엇일까? 자동권총이 탄생하고 그 기계적 구조가 정립된 20세기 초의 역사적 상황부터 1911의 개발과정과 미군 제식 채용까지의 경위, 각종 베리에이션과 커스텀 모델, 그리고 분해 정비와 관리까지 1911의 모든 것을 이 한 권에 담았다.

마스터피스 피스톨   세계의 걸작 권총

하비재팬 편집부 지음 | 이상언 옮김 | 210X297mm | 224쪽
ISBN 979-11-274-2354-4 | 29,800원

걸작이라 불리는 권총이 한자리에 모였다!

19세기 말부터 20세기 말까지 세상을 풍미했던 권총들을 소개한다. 걸작이라 평가받는 각 권총의 탄생과 영광, 현재의 모습까지 풍부한 사진 자료를 곁들여 상세하게 설명한다. 부품, 구조, 원형은 물론 파생형에 이르기까지 무엇 하나 빼놓을 것이 없는 "걸작" 권총 소개서!

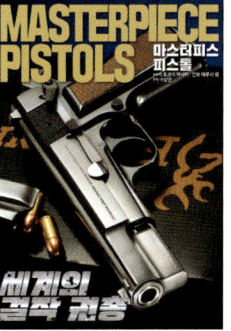

프레임 암즈 걸 모델링 컬렉션

하비재팬 편집부 지음 | 문성호 옮김 | 225X287mm | 122쪽
ISBN 979-11-274-1157-2 | 24,800원

애니메이션 속 미소녀를 3D로!!

일본 모형 업계의 숨은 강자인 고토부키야의 오리지널 시리즈로 시작, 2017년 2/4분기에 애니메이션으로 제작/방영된 프레임 암즈 걸! 미소녀 피규어이면서 동시에 프라모델이라고 하는 특성을 살린, 프레임 암즈 걸 시리즈가 지닌 다양한 가능성을 보여주는 창조적 작례를 통해 프레임 암즈 걸의 매력을 200%로 즐겨보자.

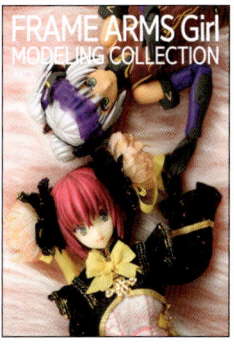

피규어의 교과서

모형의 왕국 지음 | 문우성 옮김 | 180X230mm | 160쪽
ISBN 978-89-6407-688-0 | 19,800원

기초부터 시작하는 피규어 제작법!

미소녀 피규어의 제작법을 제로부터 배운다! 만들어본 적 없는 사람이라도 사진과 그 아래에 적힌 사진 타이틀만 읽으면 어떻게 진행되는지 알 수 있도록 구성되어 있다. 피규어 원형 교실 『모형 학원』 현장 경력 10년의 피드백이 담긴 사진과 꼼꼼한 해설로 구성된 피규어 제작의 살아있는 교과서!

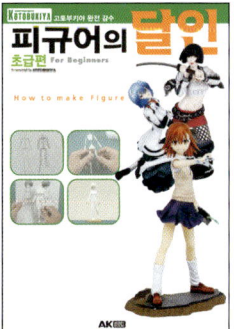

피규어의 달인 [초급편]

피규어 제작 향상위원회 지음 | AK커뮤니케이션즈 편집부 옮김 | 182X257mm
96쪽 | ISBN 978-89-6407-267-7 | 17,800원

피규어 초보자를 위한 나침반!

피규어를 스스로 만들어 보고 싶어 하는 이들을 위한 HOW TO! 피규어 세삭. 관련 서적이 기의 전무한 상황에서, 기초 중의 기초적인 내용을 다루고 있다. 이 책의 목표는 어려운 피규어 제작에 일단 첫발을 내딛게 하는 것이며, 누구라도 책의 가이드 흐름을 따라 제작을 시도해 본다면 원하는 결과를 얻을 수 있을 것이다.

피규어의 달인 [상급편]

피규어 제작 향상위원회 지음 | 문우성 옮김 | 210X297mm | 128쪽
ISBN 978-89-6407-148-9 | 19,800원

피규어의 모든 것을 단 한권으로 완벽 해설!

프로 원형사 도카이무라 겐파치가 선보이는 피규어 제작의 모든 것. 프라모델과 피규어 제작으로 유명한 '고토부키야'에서 직접 제작한 이 책은 최초의 원형 제작 과정은 물론 복제하고 판매하는 방법, 판권사와 협의하는 절차까지 피규어 제작에서 겪게 되는 전 과정을 담고 있다. 저자의 풍부한 경험까지 더해진 실전 피규어 제작 가이드를 만나보자.

카토키 하지메 디자인 & 프로덕츠 어프로브드 건담

카토키 하지메 지음 | 김정규 옮김 | 256X256mm | 144쪽
ISBN 978-89-6407-383-4 | 28,000원

카토키 하지메와 모델러가 '건프라'를 위해 뭉쳤다!

건담의 각종 설정 자료와 미공개 러프 일러스트를 포함한 디자인 워크집. 건담 프라모델의 제작과정, 수정문구, 러프, 초안 등 비공식 스케치 자료들로 구성되어 있다. 또한 일러스트레이터이자 메카닉 디자이너 하지메의 스타일 변천사를 한눈에 살펴볼 수 있으며 스케일, 기체 종류, 기술력의 발달 상황을 짚어주면서 이해하기 쉽도록 구성하였다.

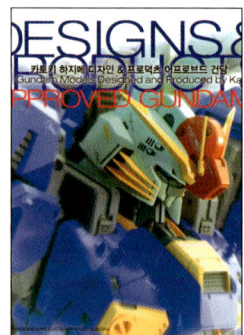

건프라 카탈로그 2016

하비재팬 편집부 지음 | 오광웅 옮김 | 210X297mm | 352쪽
ISBN 979-11-274-0161-0 | 33,000원

약 1700점의 건프라가 수록된 건프라 35주년 기념 카탈로그!

1980년 7월에 발매된 기념비적인 첫 건프라 「1/144 건담」부터 시작해 리얼 스케일 건프라를 총망라하였다. PG, MG, HGUC, HG, RG 등 각 스케일별 키트에 대한 상세한 설명은 물론 웹한정 판매 아이템까지 올컬러로 수록한, 건프라의 역사를 한눈에 살펴볼 수 있는 귀중한 카탈로그이다.

건프라 카탈로그 2018 HG편

하비재팬 편집부 지음 | 김정규 옮김 | 210X297mm | 256쪽
ISBN 979-11-274-1730-7 | 28,000원

건프라의 스탠더드, HG를 철저 수록!

건프라(건담 플라스틱 모델) 10주년을 맞이해서, 당시의 최신 기술을 이용하여 역대 건담을 1/144 스케일로 탄생시킨 HG 시리즈. 그 시작부터 현재에 이르기까지, 진화의 역사를 이 한 권에 담았다! 프리미엄 반다이나 이벤트 한정품 등, 1000종류 이상이라는 압도적인 숫자를 자랑하는 HG 건프라를 총망라한 최신 풀 컬러 카탈로그!

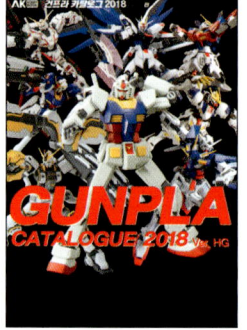

수성 아크릴 붓 도색 테크닉

아키토모 카츠야 지음 | 김정규 옮김 | 182X257mm | 96쪽
ISBN 979-11-274-1729-1 | 18,900원

물을 섞어서 붓으로 칠한다!

경력 40년의 프로 모델러가 실내에 최적화된 프라모델 도색 테크닉을 공개. '수성 아크릴' 붓 도색 기법은 기존의 도색 방법과 비교하여 냄새나 자극성이 지극히 적으며 비용이 저렴하고, 따라하기 쉬울뿐더러 나중에 수정하기도 쉽다. 전차, 비행기, 함선 등 모든 장르의 프라모델 도색이 비약적으로 간단해지는 방법과 각종 요령을 기초부터 차근차근 안내한다.

건프라 만들기를 시작해보자 건담 빌드 다이버즈 편

하비재팬 편집부 지음 | 김정규 옮김 | 210X257mm | 96쪽
ISBN 979-11-274-2768-9 | 12,800원

건담 빌드 다이버즈로 완전 공략!

아이들과 부모님이 함께 하는 건프라 "How to" 입문서!

건프라(건담 플라스틱 모델)에 처음 도전하는 분들을 위해 준비된 가이드북. 애니메이션『건담 빌드 다이버즈』를 소재로 삼아 건프라란 어떤 것인지 소개한다. 기초적인 제작법과 간단 커스터마이즈하는 법, 프로의 멋진 기술과 발상, 개조 결과 등을 한 권 안에 눌러 담았다.

피규어의 교과서 레진 키트 & 도색 입문 편

후지타 시게토시 지음 | 김정규 옮김 | 180X232mm | 176쪽
ISBN 979-11-274-2775-7 | 20,800원

피규어 조립과 도색을 제로부터!

컬러 레진 키트 제작으로 기초를 배우면서 피규어를 완성하는 기쁨을 맛본다. 그 뒤에는 본격적인 단색 레진 키트 제작으로 더 높은 수준의 기술을 습득. 약간의 공을 들이면 더욱 아름답게 보일 수 있는 부품 다듬기부터 붓, 에어브러시를 이용한 도색 등의 디테일 향상 테크닉까지 익힌다.

화장지로 만드는 곤충

코마미야 히로시 지음 | 김정규 옮김 | 190X257mm | 136쪽
ISBN 979-11-274-3261-4 | 19,000원

네모난 종이 상자에 든 티슈 화장지로 아주 리얼한 곤충을 만들어보자!

장수풍뎅이, 호랑나비, 메뚜기, 장수잠자리, 참매미… 사각 종이갑에 담긴 티슈라는 우리 주변에서 흔히 볼 수 있는 일상용품을 재료로 실제처럼 생생하고 박력 넘치는 종이 곤충을 만드는 방법을 소개한다. 필요한 도구부터 시작해 기본적인 테크닉, 구체적인 제작 과정에 이르기까지. 설명을 따라 한 마리 또 한 마리 만드는 방법을 익혀보자!

ZBrush 피규어 제작 입문

우치야마 류타 지음 | 김재훈 옮김 | 182X257mm | 296쪽
ISBN 979-11-274-3563-9 | 29,800원

나만의 피규어를 위한 가장 빠른 지름길 3DCG!

새로운 시대의 모형을 선도할 디지털 조형, 3D 모델링. 모형 축제 원더 페스티벌 공인 작가가 3DCG 소프트웨어 ZBrush를 이용한 피규어 제작의 기본기를 공략한다. 3DCG 초보자들이 직접 만든 첫 캐릭터 피규어를 3D프린터 출력으로 완성하는 그 순간까지! 쉬운 해설과 제작 과정을 보여주는 모델링 데이터, 커스텀 브러시로 피규어 제작의 모든 과정을 상세하게 안내하는 초보 원형사 필독서!

주말에 만드는 건프라 슈퍼 테크닉

하야시 텟페이 지음 | 김정규 옮김 | 210X297mm | 104쪽
ISBN 979-11-274-4100-5 | 15,000원

누구나 간단하고 부담없는 건프라 테크닉!

이 책은 성형색을 살려서 짧은 시간에 완성하는「간단 완성」으로 건프라를 마음껏 즐기기 위한 슈퍼 스킬을 담은 테크닉 모음집이다. 건프라를 만들고 싶어도 어려워 보이는 데다 시간까지 부족해서 전전긍긍하는 프라모델 입문자들에게 강력 추천한다.

창작을 위한 아이디어 자료
AK 트리비아 시리즈

-AK TRIVIA BOOK

오타쿠 문화사 1989~2018
헤이세이 오타쿠 연구회 지음 | 이석호 옮김 | 136쪽 | 13,000원

오타쿠 문화는 어떻게 변해왔는가!

애니메이션에서 게임, 만화, 라노벨, 인터넷, SNS, 아이돌, 코미케, 원더페스, 코스프레, 2.5차원까지, 1989년~2018년에 걸쳐 30년 동안 일어났던 오타쿠 역사의 변천 과정과 주요 이슈들을 흥미롭게 파헤친다.

중세 유럽의 문화
이케가미 쇼타 지음 | 이은수 옮김 | 256쪽 | 13,000원

심오하고 매력적인 중세의 세계!

기사, 사제와 수도사, 음유시인에 숙녀, 그리고 농민과 상인과 기술자들. 중세 배경의 판타지 세계에서 자주 보았던 그들의 리얼한 생활을 풍부한 일러스트와 표로 이해한다! 중세라는 로맨틱한 세계에서 사람들은 어떤 의식주 문화를 이루어왔는지 생생하게 보여준다.

밀실 대도감
아리스가와 아리스 지음 | 김효진 옮김 | 372쪽 | 28,000원

41개의 기상천외한 밀실 트릭!

완전범죄로 보이는 밀실 미스터리의 진실에 접근한다! 깊이 있는 통찰력으로 날카롭게 풀어낸 아리스가와 아리스의 밀실 트릭 해설과 매혹적인 밀실 사건 현장을 생생하게 그려낸 이소다 가즈이치의 일러스트가 우리를 놀랍고 신기한 밀실의 세계로 초대한다.

중세 유럽의 생활
가와하라 아쓰시, 호리코시 고이치 지음 | 남지연 옮김 | 260쪽 | 13,000원

새롭게 보는 중세 유럽 생활사

「기도하는 자」, 「싸우는 자」, 그리고 「일하는 자」라고 하는 중세 유럽의 세 가지 신분. 그이 가운데에서도 절대다수를 차지했던 「일하는 자」에 해당하는 농민과 상공업자의 일상생활은 어떤 것이었을까? 여태까지 잘 알려지지 않았거나 잘못 알려져 있던 전근대 유럽 사회에 대하여 알아보도록 하자.

크툴루 신화 대사전
히가시 마사오 지음 | 전홍식 옮김 | 552쪽 | 25,000원

크툴루 신화에 입문하는 최고의 안내서!

크툴루 신화 세계관은 물론 그 모태인 러브크래프트의 문학 세계와 문화사적 배경까지 총망라하여 수록한 대사전으로, 그 방대하고 흥미진진한 신화 대계를 간결하고 명확하게 설명한다.

중세 유럽의 성채 도시
가이하쓰샤 지음 | 김진희 옮김 | 232쪽 | 15,000원

성채 도시의 기원과 진화의 역사!

외적으로부터 생명과 재산을 보호하기 위해 견고한 성벽으로 도시를 둘러싼 성채 도시. 방어 시설과 도시 기능은 시대의 흐름에 따라 더욱 강력하게 발전해 나가며, 문화·상업·군사 면에서 진화를 거듭한다. 그러한 궁극적인 기능미의 집약체였던 성채 도시의 주민 생활상부터 공성전 무기·전술에 이르기까지 상세하게 알아본다.

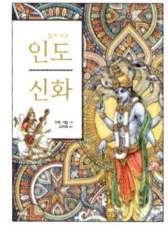

알기 쉬운 인도 신화
천축 기담 지음 | 김진희 옮김 | 228쪽 | 15,000원

혼돈과 전쟁, 사랑 속에서 살아가는 인도 신!

라마, 크리슈나, 시바, 가네샤! 강렬한 개성이 충돌하는 무아와 혼돈의 이야기! 2대 서사시 『라마야나』와 『마하바라타』의 세계관부터 신들의 특징과 일화에 이르는 모든 것을 이 한 권으로 파악한다.

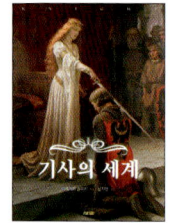

기사의 세계
이케가미 슌이치 지음 | 남지연 옮김 | 232쪽 | 15,000원

중세 유럽 사회의 주역이었던 기사!

때로는 군주와 신을 위해 용맹하고 과감하게 전투를 벌이고 때로는 우아한 풍류인으로서 궁정을 화려하게 장식했던 기사. 기사들은 과연 무엇을 위해 검을 들었는가, 지향하는 목표는 어디에 있었는가. 기사의 탄생에서 몰락까지, 역사의 드라마를 따라가며 그 진짜 모습을 파헤친다.

영국 사교계 가이드
무라카미 리코 지음 | 문성호 옮김 | 216쪽 | 15,000원

19세기 영국 사교계의 생생한 모습!

영국은 19세기 빅토리아 시대(1837~1901)에 번영의 정점에 달해 있었다. 당시에 많이 출간되던 「에티켓 북」의 기술을 바탕으로, 빅토리아 시대 중류 여성들의 사교 생활을 알아보며 그 속마음까지 들여다본다.

판타지세계 용어사전
고타니 마리 지음 | 전홍식 옮김 | 200쪽 | 14,800원

판타지의 세계를 즐기는 가이드북!

우리가 알고 있는 대다수의 판타지 작품들은 기존의 신화나 민화, 역사적 사실 등을 바탕으로, 작가의 독특한 상상력을 더해 완성되었다. 『판타지세계 용어사전』은 판타지에 대한 이해를 돕는 용어들을 정리, 해설하고 있으며, 한국어판 특전으로 역자가 엄선한 한국 판타지 용어 해설집을 수록하고 있다.